微分・積分を知らずに経営を語るな

内山 力
Uchiyama Tsutomu

PHP新書

微分・積分を知らずに経営を語るな

目次

プロローグ

第1章　微分・積分を30分で理解する

第3章 積分がわかれば在庫が減る

第4章 微分・積分マーケティング

プロローグ

明日を読むには微分・積分

現代のビジネスマンが抱える悩みのうち、代表的なものを5つ挙げてみましょう。

「また今期も予算目標をクリアできなかった。まいったなあ。これで3期連続だ。今度のボーナスも期待できないなあ。大体目標が高すぎるんだよな。こんな目標、誰がやったって達成できないいんじゃないいの。それにしても、なんであいつの目標はあんなに低いんだ。あれなら誰だって達成できる。不公平だよな」

「部長はいつも『ムダ、ムリ、ムラをなくして効率的な仕事をしなさい』って言っているけど、『こうしろ』という具体策がないよなあ。ただ『ムダを見つけ、ムリとムラをなくしてスピードアップしよう』なんてポスター貼ってるだけでは、まさにムダだよ。でもあまり口に出して言うのはやめよう。『君ならどうする？』なんて言われたら困るから……」

「うちの商品、一体いくらで売ったらいいんだ。思い切り安くすれば量は売れるだろうけど、それではもうからないし……。価格を高くすればライバルに負けて売れなくなるし……。セールスマンは皆『安くしろ』の一点張りだし、経営陣は『利益なくして何がマーケティングだ』なんて言ってるし……」

「今年の猛暑でうちのミネラルウォーターが売れすぎて、あちこちの店舗で欠品してしまった。営業本部長が鬼のような顔で『売れすぎてモノが足らないなんて、現場のセールスマンに言えるか。毎日毎日地を這うようにして取引先の店舗を回って、うちの商品置いてもらうようにお願いして、やっと売れたら欠品か。一体君たちはどこを見て仕事してるんだ！』なんて怒ってたなあ。でもそんなこと言ったって、品物を作りすぎて売れ残り出したら、今度はロスがたくさん出て怒られるし……」

「また偽装事件をテレビでやってる。最近取引先がうるさくて困る。『おたくの製品は大丈夫？　品質管理はきちんとやっている？』ってどこへ行っても聞かれる。ＩＳＯ取ったくらいでは許してくれないものなあ。でもうちの会社がこれ以上がんばって品質を上げる努力を続けたら、コスト高になってライバルに負けちゃうと思うけど。品質上げても機能が上がるんじゃなくて、『おかしな製品』が出る可能性が少し減るだけだろう。あまりカネをかけても……」

これらの悩みは本書の微分・積分思考法ですべて解消されます。

現代ビジネスマンの最大の悩みは「いかにして明日を読むか」ということです。実はこれらの例も、すべて先を読むことがテーマになっています。

ビジネスのあらゆるシーンで、昨日の結果から明日を読むことが求められています。

明日を読むコツは、決して「結果を的中させよう」とは思わないことです。明日を読むのに、鋭いカンなど必要ありません。

皆が納得できるように、もっといえば、まわりがぐうの音も出ないようなやり方で明日を読めばいいのです。

そうです。この「まわりがぐうの音も出ないような明日の読み方」が微分・積分なのです。

セブン、トヨタ、花王の秘密

セブン‐イレブン・ジャパンは「売れるものを、売れる時に、売れる量だけ買う」という極めてシンプルな戦略で流通業界のチャンピオンになりました。トヨタ自動車は「ムダ、ムリ、ムラをなくす」ことに向けて製品を作る現場の人たちがコツコツ努力することで、世界に冠たるメーカーとなりました。

花王は「自社製品を店舗にいくつ置いたらよいか」を取引先の店舗に提案して、大ヒット商品なくして消費財メーカーNo.1となりました。

彼らは皆明日を読んで勝ち抜いているのです。「自分たちがある手を打ったら、それによって明日がどう変化するか」を、毎日毎日読んでいるのです。そしてここには「これしかない」という方法を使ってまわりを圧倒しています。

彼らが使っている「これしかない」という方法が、微分・積分思考法です。

まわりにいる企業は、彼らの業績だけを見て「すごい」と思い、そのやり方をまねしようとするのですが、そのバックボーンとなっている微分・積分の考え方が理解できず、どうしてもそのやり方を使いこなせません。

経験もカンも度胸もない人が勝つための方法

微分・積分は、普通の人にはとても理解できないような理論なのでしょうか。

そんなことはありません。微分・積分は、世界中の天才たちが「いかにしてみんなが納得できる方法で明日を予測するか」と考えたものです。

まわりにいる、経験とカンと度胸があって声の大きい人から「こんなんで当たるのか」と言われたら「当たるかどうかは明日にならないとわかりません。ただ今日はこう考えるしかありません」と、また「こんな方法もあるのでは」と言われたら「その方法ならこちらのやり方の方がこういう理由ですぐれている」という反論を準備したものです。

だから、微分・積分は誰にでも理解できる考え方です。そうでなければ、まわりはその反論に納得しません。

天才たちはまた、ついには「これ以上の『明日を読む方法』はない」ということを、理論的に証明してしまいました。これが「ぐうの音も出ないやり方」という意味です。

微分・積分思考法は経験もカンも度胸もない人が、経験もカンも度胸もあって明日を読めそうな人に勝つための唯一の方法なのです。

微分・積分が数学の中では一番易しい

微分・積分と聞いただけで鳥肌が立つという人もいます。でも、これは明らかに「食わず嫌い」です。**微分・積分は、天才たちが普通の人のために、世の中の現象を易しくわかりやすく説明したものです。**

難しいことを難しいままコツコツ研究していく人は秀才でしょう。天才は、難しいことをちょっとした発想で〝易しくする〟人です。

微分・積分は「地動説」のコペルニクス、「近代哲学の父」デカルト、弁護士兼天才数学者のフェルマー、「リンゴが落ちる」のニュートン、「知的巨人」とよばれたライプニッツといった近代史上の天才たちが、よってたかって世の中で起きている現象を〝易しく〟して、明日を読めるようにしたものです。

彼らが考えた「明日を読む」方法は、「昨日までを小さく切って（微分）、それを未来へとつなげていく（積分）」という単純なものです。

本文にも書いていますが、微分・積分を含めた数学の原点は「いかに単純にするか」です。数学は複雑な現象をいかに単純化するかという学問です。

数学は、どんどん易しくし、そして単純化していくゲームです。したがって**数学の頂点ともいえる微分・積分は、数学の中で「もっとも易しい分野」です**。

小学校でやった、分数の割り算や円の面積などはもっとも難しい分野です。これらのことは計算式はわかっても、どうしてそうするのかがなかなか理解できません。

逆に、微分・積分は計算式はわからなくても、その考え方は極めて単純です。本書のコンセプトは「微分・積分計算法」でなく、「微分・積分思考法」です。

考え方がわかれば、計算式なんてわからなくても、すぐにビジネスに使うことができます。だって計算式は記憶力のよいコンピュータがもうすでに覚えており、準備万端で、あとはあなたがボタンを押すだけの状態になっているのですから！

具体的には、表計算ソフト「エクセル」の分析ツール機能や、市販されている統計ソフトが準備されています。この難しそうなソフトウェアも、微分・積分の考え方さえわかればもう恐くはありません。

本書の第1章をパラパラとめくってみてください。微分・積分の考え方はたったこれだけのことです。これで微分・積分の考え方は100％わかります。あとの第2章から第6章には、微分・積分思考法を使った、先ほどあげた5つの悩みの具体的解決法が書いてあります。

なんだこんなことだったのか

まわりが微分・積分と聞いて尻込みしている間に、セブン - イレブン・ジャパン、トヨタ自動車、花王は、そっとこの微分・積分を使ってぶっちぎりで独走したといっても過言ではありません。あなたも、まわりがまだ微分・積分を恐れているうちに、いち早くこれを身につけて「一人勝ち」を目指してください。

この本は、「何だ微分・積分ってこんなことだったのか。わかってすっきりした！」という爽快感をもたらすと思います。

その爽快感をあなたに味わっていただくのが本書の目的であり、私の願いです。

そして、本書に書かれていることを理解していただけたなら、きっとあなたは数字に強い「できる人」になっているはずです。

本書の構成

本書は6章構成となっています。

第1章は「微分・積分の説明」です。なるべく式を使わず（絵は使いますが）、直感で理解できるように書いてあります。

第2章から第6章はビジネスへ微分・積分を活用した事例です。微分・積分の活用分野は論理的な世界で、計算はすべてパソコンで行うことができます。

あなたは、式など覚える必要はありません。とっくにパソコンが覚えていますから。式は、その意味やおもしろさを理解するのに、ほんの少し必要なだけです。ですから式が書いてあるくらいで、この本を閉じないでください。式だって絶対にわかります。

また、各章の合間には「数学の知恵をビジネスに生かす」というコンセプトのコラムを入れています。ここには微分・積分以外の数学分野でビジネスと関わりのあるものについて、その〝さわり〟がコンパクトに書いてあります。さらっと読んで「ふーん」と理解してください。

コラム①

定義をすれば論理的に見える

あなたは会社で「論理的だね」と言われたいですか。それとも「論理的じゃないね」と言われたいですか。

論理性とは「物事を組み立てていく力」のことです。「何でそうなるの?」という質問に筋道立てて（プロセスをしっかり説明して）、きちんと答えていくのが論理性です。だから論理性＝説得力といってもよいと思います。

論理性を使わずに相手を説得しようとしたら、「現代企業においては、誰が何といってもこうすべきだ」といった〝べき論〟を使うか、「××という経営者が『マーケットはリーダーでなくチャレンジャーが変える』と言っているだろう」と〝人の意見〟を〝定理〟（論理立てて正しいことが証明されたもの）にすり替えて説明を省くか、相手を圧倒するプレゼンテーション力で煙《けむ》に巻くか、……そのあたりでしょう。

見方を変えれば、べき論、格言、プレゼンテーション力などなくても、堂々と（淡々と）正当性を主張できるのが論理性です。

数学の論理性は〝定義〟という言葉で代表されます。

定義とは「そう決めたこと」で、その部分だけは〝なぜ？〟とは聞かないと約束したことです。逆に、定義以外（最初の約束以外）のことは、すべて「なぜそうなるのか」を説明できます。例えば、数を数える時、「1の次は2」と定義します。そして足し算（数字の分だけ進む）を定義すれば、1＋1が2になることを証明（ビジネスの世界でいえば「論理的に説明すること」）できます。

ビジネスの世界では、〝定義〟と〝それ以外〟の区別はあまりなされていません。経理の世界など、その典型です。

「経理と会計と財務の違いは？」と聞いても、それを答えられる人はほとんどいません。私は、その道のプロという人にも随分聞きましたが、「何でそんなことを聞くの？聞くと何か生まれるの？」という目で見られてしまいます。定義なんて考えたこともないのかもしれません。

だから、企業内に財務部経理課と財務部会計課があって、「どう違うの？」と聞くと「まあやってることはほとんど同じ」という答えが返ってきます。こういう企業では、どうしても仕事のエアーポケットが生まれてしまい、それを恐れて会議、会議の連続となります。

会計とは「一定期間内に発生したカネを集計し、その内訳を明細にして、カネを出してくれる人や出した人に報告する仕事」、財務とは「企業として必要なカネを集めてくる仕事」、経理とは「企業内のカネに関する仕事すべて」と答えてくれればよくわかります（もちろん定義の中身はこうでなくてもよいのですが）。

文系世界の中で結構〝数学的〟なのが法律です。法律は、企業内のように〝特定のメンバー同士〟が話すわけではないので、解釈が分かれないようにしっかりと定義しています。法律では最初の「総則」といった所でその法律で使う言葉の定義があり、中身は箇条書きで冗長性がなく、「AならばB」という数学の命題（48ページ参照）形式です。

まわりから論理的だと思われるのも悪くありません。人と話す前に「まず言葉の定義をしよう」なんて言ってみましょう。結構、論理的に見えますよ。

第1章　微分・積分を30分で理解する

デジタルは「切れている」、アナログは「つながっている」

数字にはデジタルとアナログがあります。

まず、アナログ、デジタルについて理解するのが微分・積分の第一歩です。

デジタルの digit とは、〝指〟のことで、デジタルとは「指折り数える」という意味です。

デジタルは1、2、3、4……という、カウントする数字であり、ビジネスの世界でよく使われる数字です。従業員20人、商品在庫500個、売上100万円……。デジタルには〝区切り〟があること、すなわち1個と2個は離れていて間がないことがわかるでしょうか。

アナログは、デジタルのように切れていないで、「つながっている数字」をいいます。例えば、時間はつながっているという感じがわかるでしょうか。一瞬、一瞬がすべてつながっています。これを表わすものが「針が回るアナログ時計」です。針は、ゆっくりとつ、な、が、っ、て、動いています。

一方で、デジタル時計では、区切りある数字が現れます。30から31へ、ピッと数字が変わります。これがデジタルです。3時30分の次は3時31分です。30と31の間の数字はありません。時間というアナログを、どこかで区切って（30分と31分）、デジタルにしています。これ

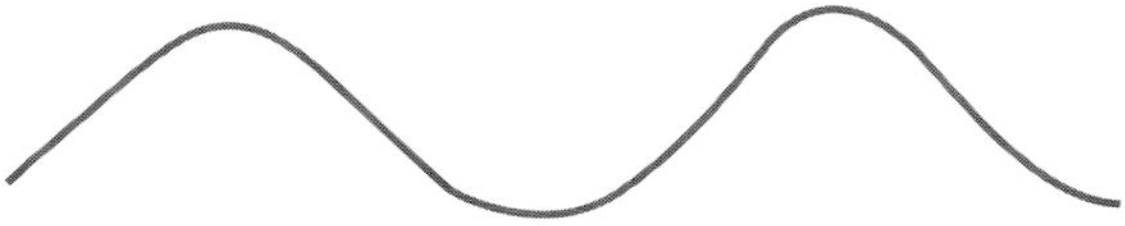

をデジタル化といいます。

音楽を微分するとＣＤになる

音もアナログの代表選手で、よく上図のように波のグラフで表わされます。この波の動きが何を表わしているかを正確に説明できるかどうかは別にしても、どこかで見たことはあるのではないでしょうか。そして、直感的にこれを音と考えることはできると思います。

このような〝つながっている感じ〟が、まさにアナログです。

昔はアナログレコードというものがありました。音楽をアナログという〝波そのもの〟で記録（レコード）したものです。一方、デジタルの代表選手はコンピュータです。コンピュータ

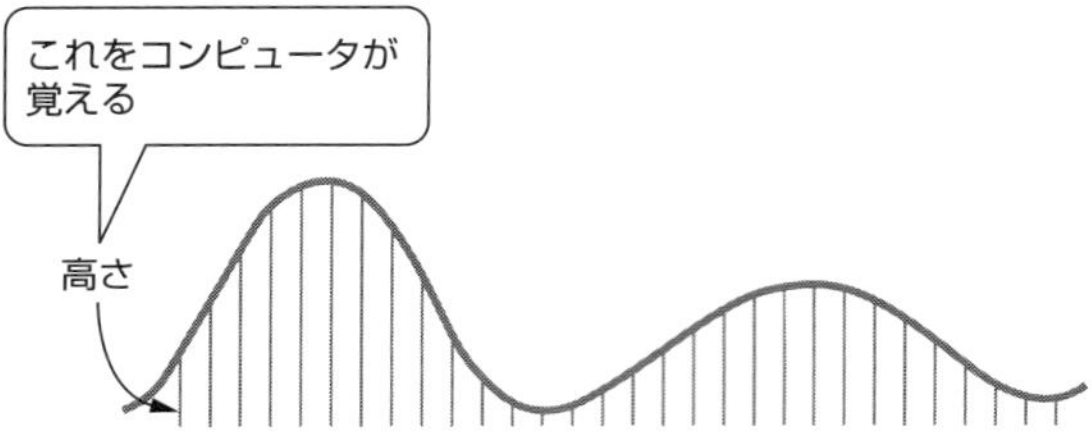

はデジタルの数字しか理解できません。でも不思議とパソコンから音は出ています。

コンピュータは、上図のようにアナログの波を小さく区切って、その高さを見ることでデジタルにしているのです。先ほどのデジタル化です。音楽CD（音をデジタルで記録）はデジタル化によって誕生しました。

このように〝小さく区切っていく〟ことを、「微分」といいます。「微」は〝小さく〟、「分」は〝区切る〟という意味です。アナログを小さく区切っていって、デジタルにするのが微分です。したがってアナログの音楽を微分すれば、デジタルの音楽CDになります。

CDを積分すると音楽になる

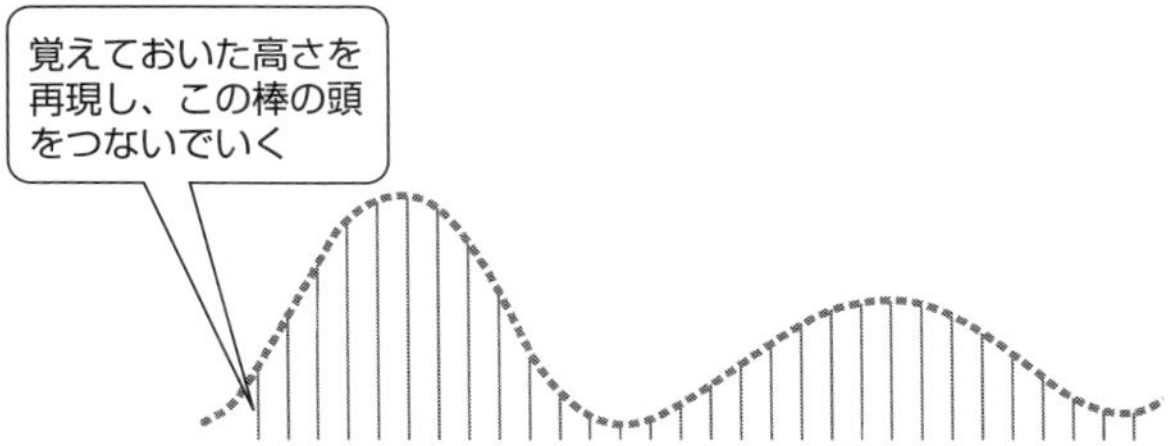
覚えておいた高さを再現し、この棒の頭をつないでいく

では、ＣＤは音をどうやって出しているのでしょうか。高さをデジタルの数字として覚えておいて、上図のように音を出す時にこれをつなげれば（これでアナログとなる）、元の音に近いモノが作れることがわかるでしょう。

この〝つないでいく〟という行為が、積分の原点です。積分は、分かれているもの（分）を〝つなぐ〟（積）という意味です。積分は、微分の反対にデジタルをくっつけてアナログにするものです。ＣＤを積分すれば音が再生（アナログに生き返るという意味）されます。

1 進むといくつ上がるか

ビジネスでは、たて軸・横軸を使ったグラフをよく書きます。この時、必ず〝知りたいも

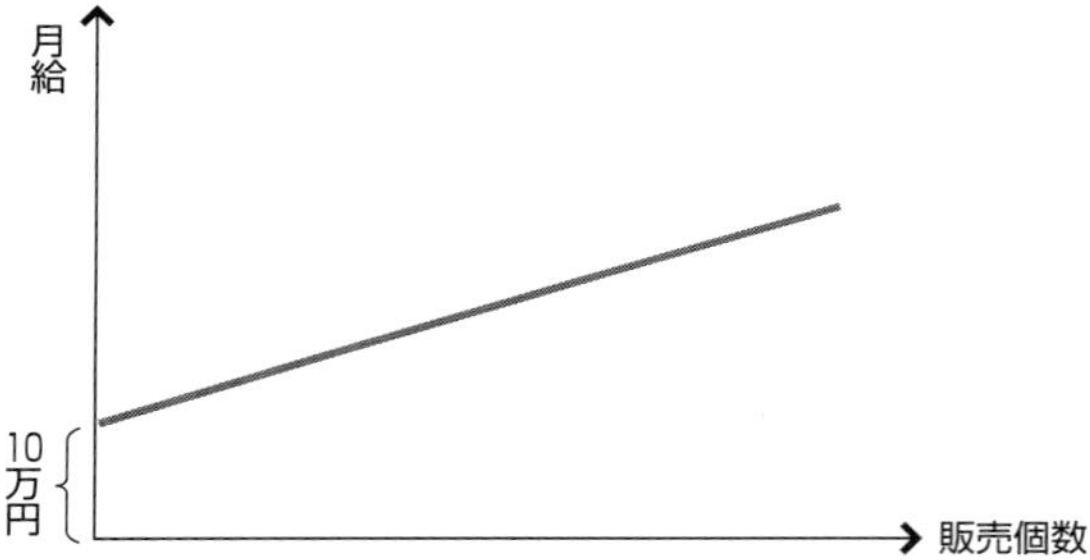

の〝をたて軸、〝それを知る上で必要なもの〟を横軸とします。これが鉄則です。よく覚えておいてください。

セールスマンの給与の例で考えてみましょう。ある会社のセールスマンの月給は、固定給（1個も売れなくてももらえる月給）が10万円で、商品を1個売ると1万円のコミッション（歩合給）が出るとします。

鉄則どおり、たて軸に月給（これが知りたい）、横軸に販売個数（月給が販売個数によって変わる）を取ってグラフにすると、上図のような直線となります。

この月給直線で〝伸び〟というものを考えてみます。数学の世界では〝傾き〟（上図の直線の傾き具合のこと）といいますが、ビジネスでは

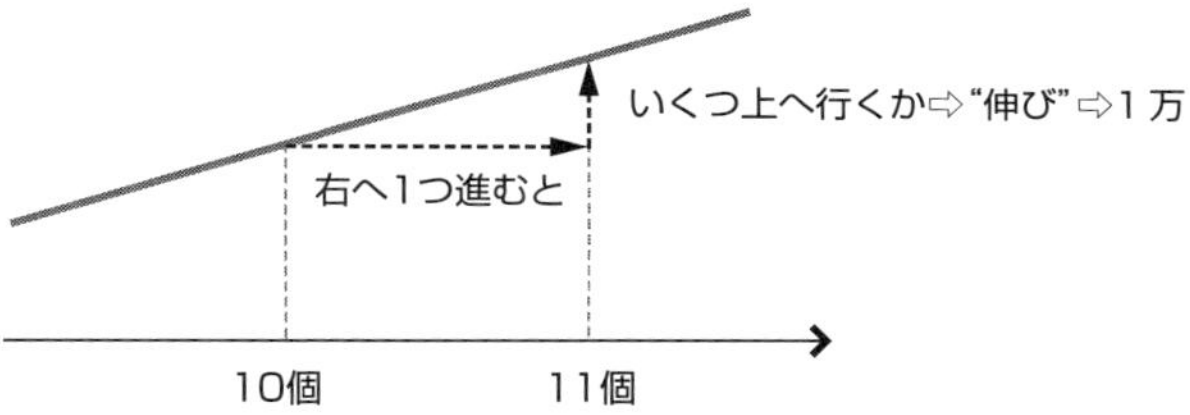

あまり使わない言葉なので、本書では伸びと表現します。

この伸びを「横軸の数字が1進むと、たて軸の数字がいくつ上がるか」と決めます。今、セールスマンが商品を10個販売していて、「もう1個売れたらいくら月給が増えるか」ということです。1万円増えることはすぐわかります。これがこの直線の伸びです。つまり、伸びは1万です（上図）。

もし、コミッションが1個あたり2万円なら伸びは2万です。逆に、横軸が右へ進むとたて軸が下がるなら、この伸びをマイナスで表現します。横軸の数字が右へ1進むと、たて軸の数字が2下がるなら、伸びは〝マイナス2〟となります（「伸びがプラスなら増える」「伸びがマイナ

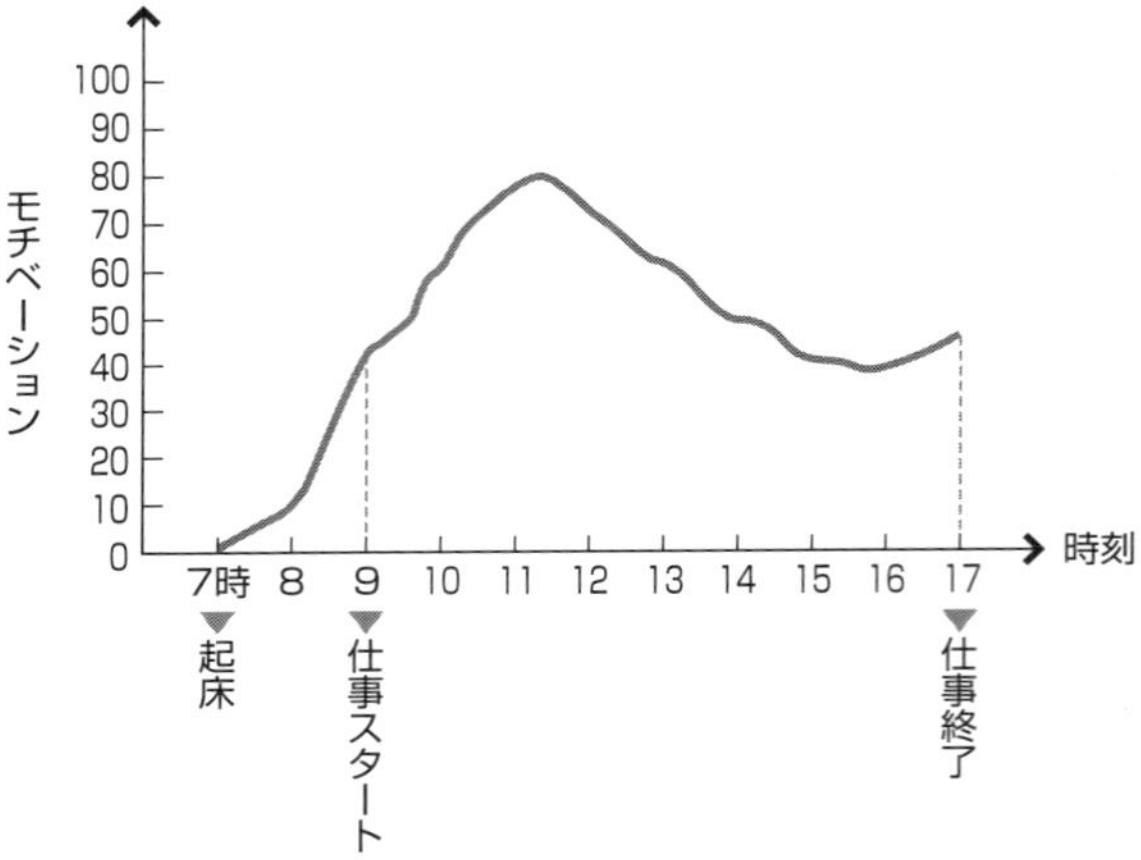

スなら減る」です。皆さんもいつもビジネスで使っていますよね）。

あなたのモチベーションを微分する

あなたの「モチベーション」（仕事へのやる気）と「時間」の関係を考えてみましょう。時間によってモチベーションは変わるので、鉄則どおり、たて軸にモチベーション、横軸に時間を取ります。

ここでモチベーションの最高の状態を１００（やる気満々。「これ以上やる気は上がらない」）、最低を０（「もう仕事なんてやってられない」）と定義します。

これをグラフにしたら、上図のようなモチベーション曲線になったとします。

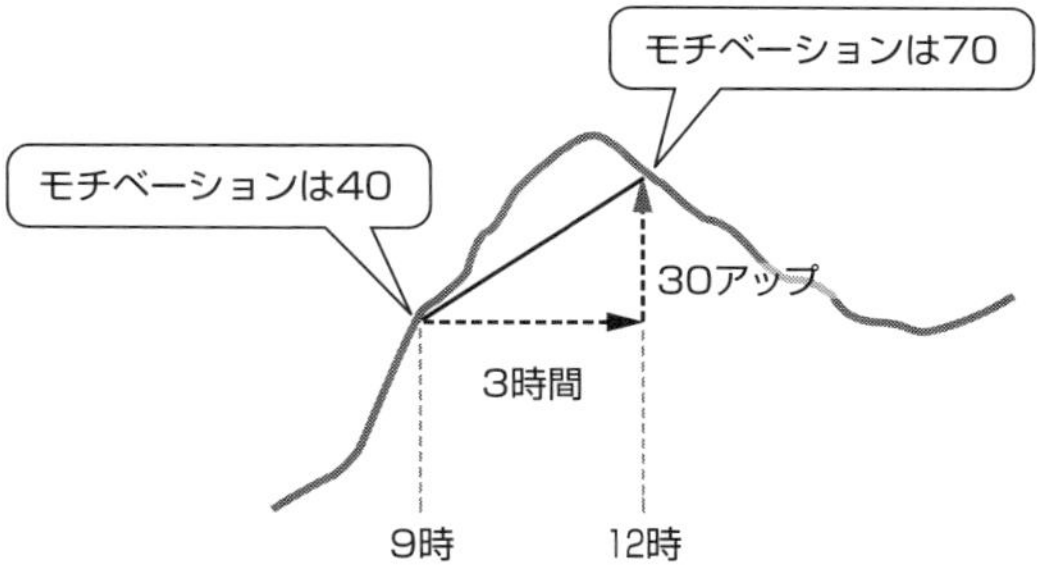

　この曲線を使ってモチベーションの伸びを考えてみましょう。モチベーションの数値そのものではなく、〝盛り上がり度〟（これからどれくらいモチベーションが上がっていくか）のような〝感じ〟です。

　残念ながら、先ほどの直線のように、モチベーションの伸びは一定ではありません。そこで「9時の仕事スタート」というタイミングで考えてみましょう。

　9時ちょうどの時点での伸びといってもわかりづらいので、まずは9時から12時までの伸びを考えてみましょう。

　グラフをズームアップしてみます（上図）。9時のモチベーションは40、12時はぐんと上がって70です。

右へ３（時間）進んで、モチベーションは30上がっていますので、この間の伸び（1進むといくつ上がるか）は10と考えられます。これは31ページの図の、9時から12時に引いた〝直線の伸び〟を表わしています。

でもこれを9時の時点の〝盛り上がり度〟と考えるのは、何だか少し変な感じがします。9時の時点の〝盛り上がり度〟はもう少し高いような気がします。

そこで、もう少し間隔を短くして9時から10時で考えてみます。10時はモチベーションが53です。9時からの1時間で13上がっていますので、この場合のモチベーションの伸びは13となります。こちらの方が近い感じがします。

でも、これは9時から10時までの間の伸びであり、〝9時ちょうど〟のモチベーションの伸びとはいえません。よく考えてみると、伸びの定義にある「1進む」を1時間とするのか、1分とするのか、1秒にするのかによって伸びは違ってきます。

ただ、この時間幅を1時間、1分、1秒とどんどん小さくしていくと、〝9時ちょうど〟のモチベーションの伸びに近づいていく感じがします。

9時あたりをさらにズームアップしてみましょう（次ページの図）。

31ページの図のものに比べ、次ページの図の線の伸びは、9時のモチベーションの伸びに

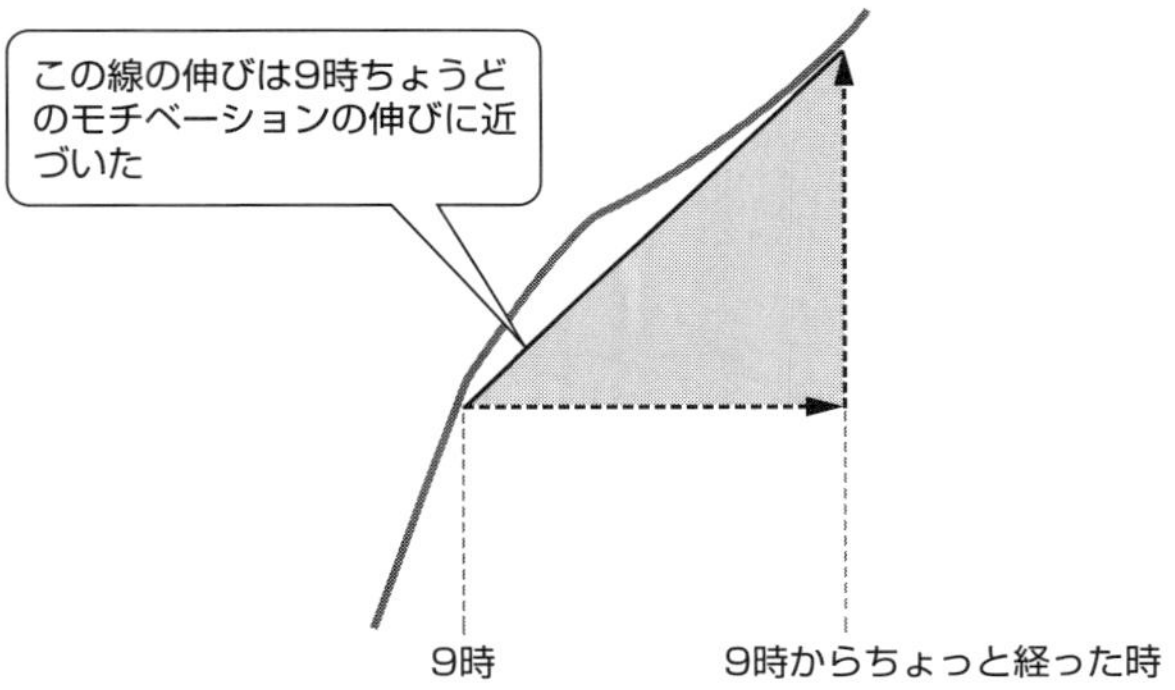
この線の伸びは9時ちょうどのモチベーションの伸びに近づいた
9時
9時からちょっと経った時

かなり近づいてきた感じがします。網掛けの部分の小さな三角形がギリシャ文字のΔ（デルタ）に似ているので、この「ちょっと進む」ことをデルタといい、Δで表わしたり、英語のdeltaからとってdで表わしたりします。

この「ちょっと進む」の幅を限りなく（数学でよく使う手です。「無限」と表現します。なかなか文学的な表現です）小さくしていくと、つまりデルタをどんどん小さくしていくと、9時の所に接する（「モチベーション曲線と1点で交わる」という意味。上のグラフの直線は2点で交わっている）直線が引けるのがわかるでしょう。

これを接線といいます（34ページの図）。

直線が右へ1進むといくつ上がるかということの接線の伸びを、9時の点の〝微分係数〟、そ

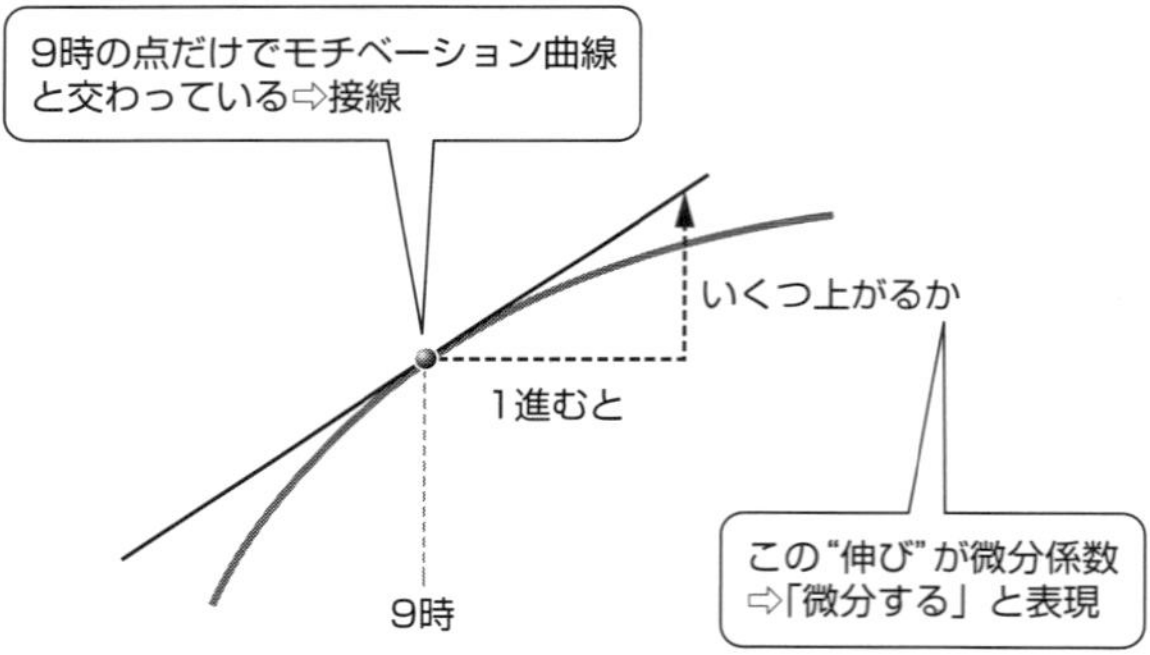

してこの微分係数を出すことを微分といいます。もっと数学っぽくいえば「モチベーションを時間で微分する」です。

これでようやく微分を定義できました。

微分係数は、たて軸と横軸の関係（先ほどの月給と販売個数、モチベーションと時間の関係）が何らかの式で表わせれば、コンピュータで計算できます。しかしよく考えてみると、コンピュータは適当に線（上図のモチベーション曲線）を引けません。

つまり、たて軸の数字と横軸の数字の関係が式で表わされていないと線を引けないということです。しかし逆にいえば、コンピュータでこういった線が引ければ、「コンピュータで微分係数が計算できる」（コンピュータが微分をしてくれる）ともいえます。

最大値、最小値の算出が、微分の基本的活用法

モチベーションの話に戻りましょう。この９時の微分係数が、９時ちょうどの時点のモチベーションの伸び（盛り上がり度＝これからやる気が高まっていく度合）を表わしていることはわかるでしょう。

この微分係数がプラスの数字の時はやる気が増加傾向、つまり「やる気上昇中」、マイナスならやる気が減少傾向、つまり「やる気下降中」となります。

もう一度30ページのグラフを見てください。

７時から11時過ぎあたりまでやる気は上昇し、その後16時前まで下降し、そして再び上昇しているのがわかります。したがって微分係数は７時から11時過ぎまではプラス、それから16時前までマイナス、その後はプラスです。

よく考えると、プラスからマイナスに移るのなら、どこかでゼロになっているはずです。

別のたとえを使えば、気温が５度からマイナス５度まで下がれば、〝０度の時〟があったはずです。

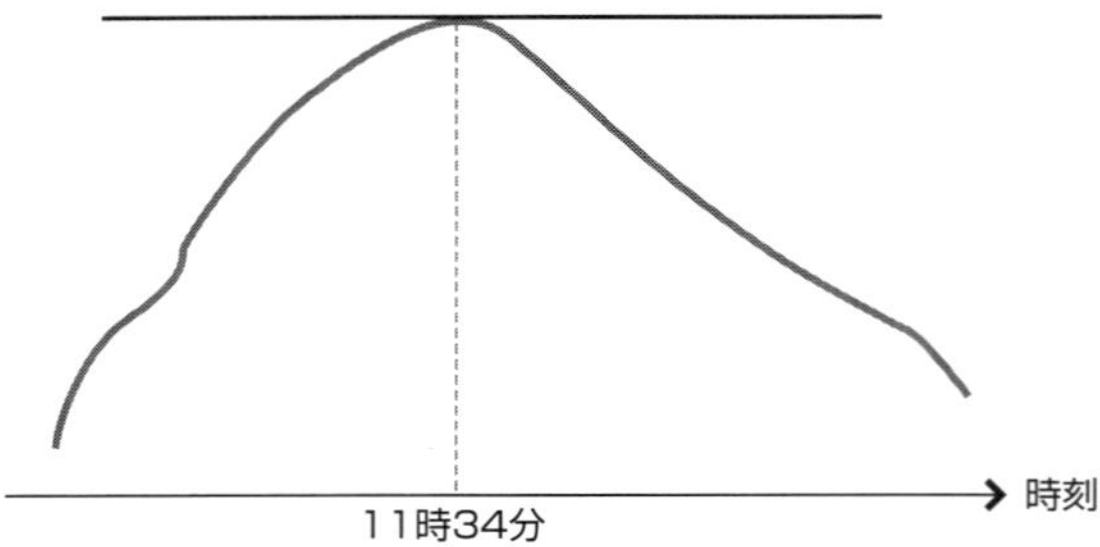

この微分係数がゼロの点は何を意味しているのでしょうか。

11時あたりをズームアップしてみました。この山の頂上で接線を引くと、上図のように水平な直線となります。水平な直線は、いくら進んでも増えも減りもしないので、伸びはゼロです。つまり微分係数はゼロです。

この山の頂上はモチベーションのピーク、つまり最大値です（「もう少しでランチだ。がんばろう！」）。

ということは、この曲線の各点について微分係数を計算していって（つまり微分して）、これがゼロになる点を見つければ、モチベーションのピークの時間がわかることになります。

やってみると11時34分で、その時のモチベーションは80でした。

見方を変えれば、コンピュータでグラフが書ければ、すなわち、たて軸と横軸の関係が式で表わせれば、たて軸の数字（モチベーション）の最大値と、その時の横軸の数字（時間）がわかることになります。

16時前にあるモチベーションの最小値（先ほどが〝山〟なら、こちらは〝谷〟と表現します。正確にいうと谷はこの時間付近での最小値であり、数学ではこれを極小値といいます）も、やはり微分係数はゼロになるのがわかると思います。つまり微分によって最小値も求めることができます。

微分係数がゼロの点が最大値か最小値かは、その近くの数字を見れば（最大値ならまわりは小さい）わかります。この「コンピュータで最大値、最小値を出す」というのは、ビジネスのありとあらゆるところで適用されており、微分の基本的な活用法といえます。

棒の高さは確率

別の例をあげましょう。ある子供服メーカーで「小学生向けの洋服」のマーケティングをやっています。子供服のマーケティングでは、何といっても「身長」が大きなファクターと

ランク	身長	人数
1	120cm以下	5
2	120〜130cm	14
3	130〜140cm	18
4	140〜150cm	30
5	150〜160cm	20
6	160〜170cm	9
7	170cm以上	4
	合　計	100

なります。しかし日本中の小学生の身長を調べるわけにはいきません。

インターネットで小学生100人の身長のデータのランキングが手に入ったので、これを使うことにしました（上の表）。

数字の羅列ではわかりづらいので、グラフにすることにします。

このようなランキングの数字に向いているのは、ヒストグラムとよばれるものでしょう。たて軸を人数、横軸を身長ランクとして棒グラフを書くものです（次ページ・グラフその1）。

ここでついでに確率というものも理解してしまいましょう。

確率は極めて直感的な概念です。例えば、くじが全部で100本あって、1等が1本なら、

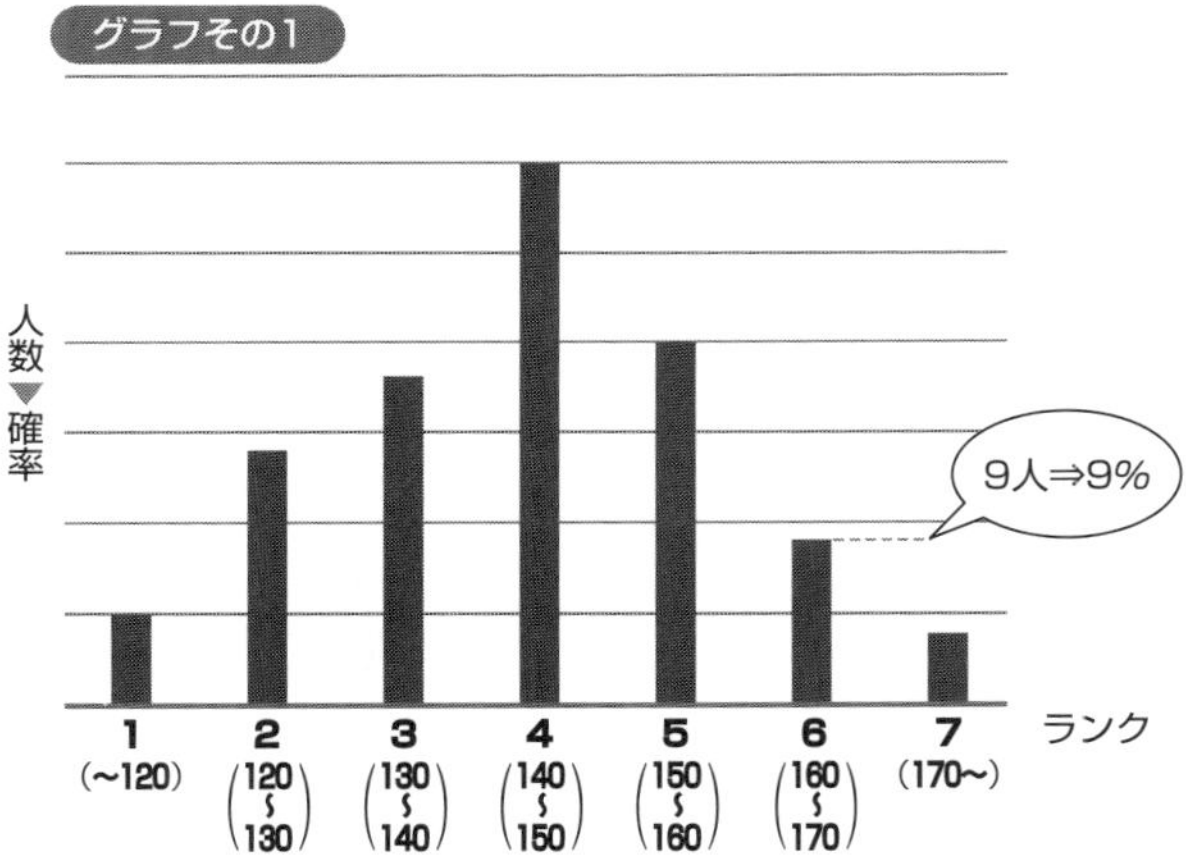

1等が当たる確率は1%（100回に1回）、2等が10本なら10%です。これを使って考えていきましょう。

先ほどの表では、身長160〜170㎝の間に9人います。これは全体の9%です。全国の小学生も160〜170㎝の間の身長の人が全体の9%と考えるのが普通です（そうでないとこのデータを使う意味がありません）。

全国の小学生の中から1人を選んで、その人の身長が160〜170㎝の間に入っている確率は9%と考えるのが、やはり普通でしょう。

つまり、このヒストグラムの棒の高さ（9）は、確率（%）を表わしているともいえます。

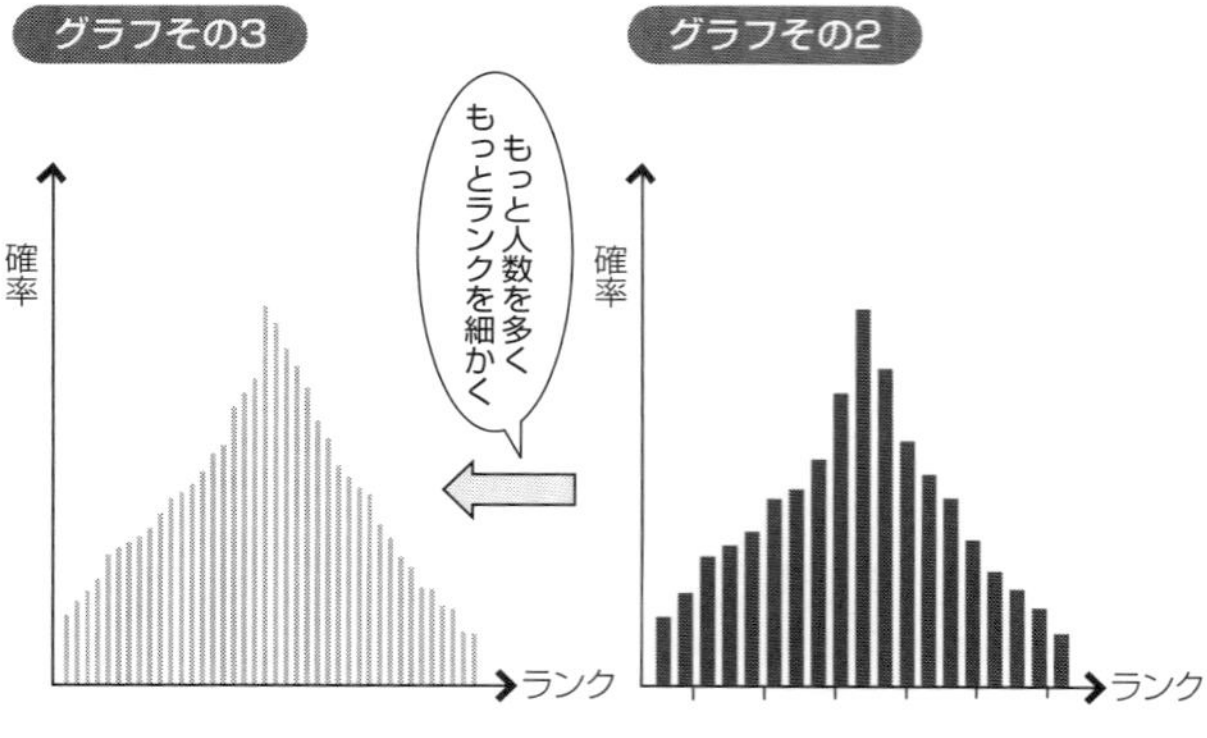

つなげていくと曲線が見える

仮に、もっと多くの小学生に身体測定をやって、ランクを細かくしていく（10㎝幅を5㎝幅、1㎝幅……）とどうなるでしょうか（グラフその2・その3）。

だんだん棒がつながっていくのがわかるでしょうか。ここで棒の頭をつないでいくと1つの曲線が見えると思います（次ページ・グラフその4）。こうなると、たて棒は細いうえに、もうほとんどつながってしまっているので、あまり意味がありません。そこで、これを取ってしまいます（次ページ・グラフその5）。

グラフその5は、山形の曲線となりました。横軸はランクというデジタル（1～7）から、

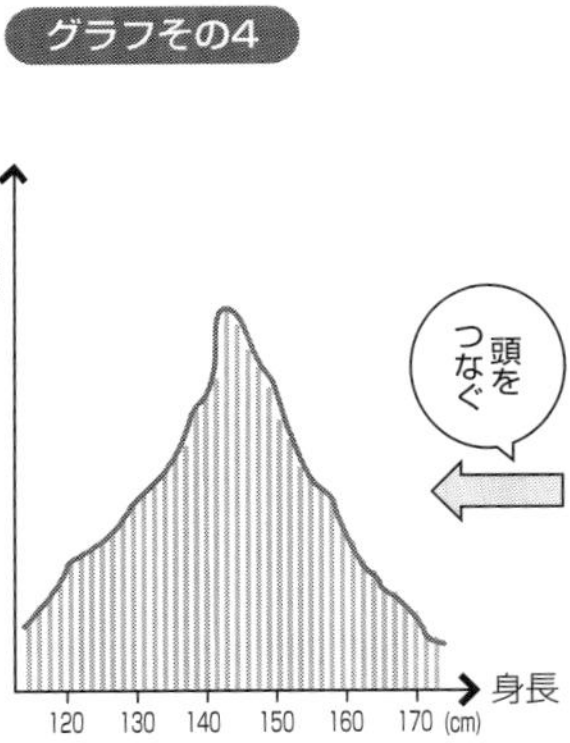

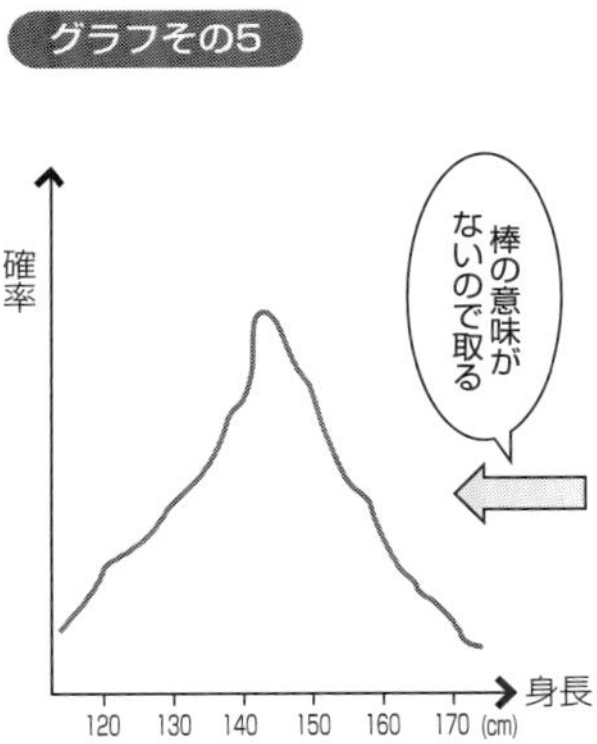

身長というアナログ（身長という〝数字〟はつながっている）に変わっているのがわかるでしょうか。先ほど音楽ＣＤでやった、デジタルからアナログへの再生手法です。

面積を計算するのが積分

グラフその５の身長曲線で「全国の小学生の中から１人を選んで、身長が１６０〜１７０cmに入っている確率」を考えてみましょう。

ここで、たて軸は確率でした。つまり曲線の高さが確率です。１６０cm〜１７０cmに入っている確率ですので、この部分の高さを測りたいところです。しかし先ほどの棒と違って１６０cmと１７０cmの所では高さが違います。

もう一度、グラフその１に戻ってみましょ

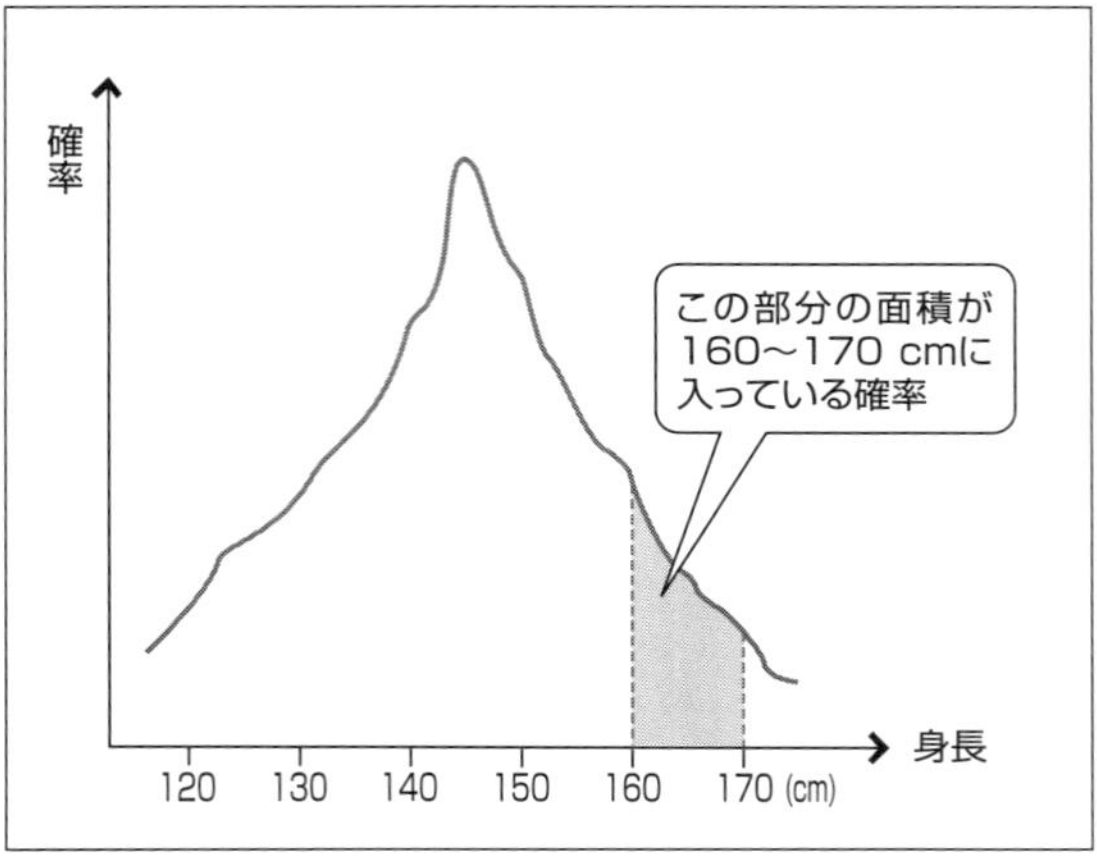
確率
この部分の面積が
160〜170 cmに
入っている確率
身長
120
130
140
150
160
170 (cm)

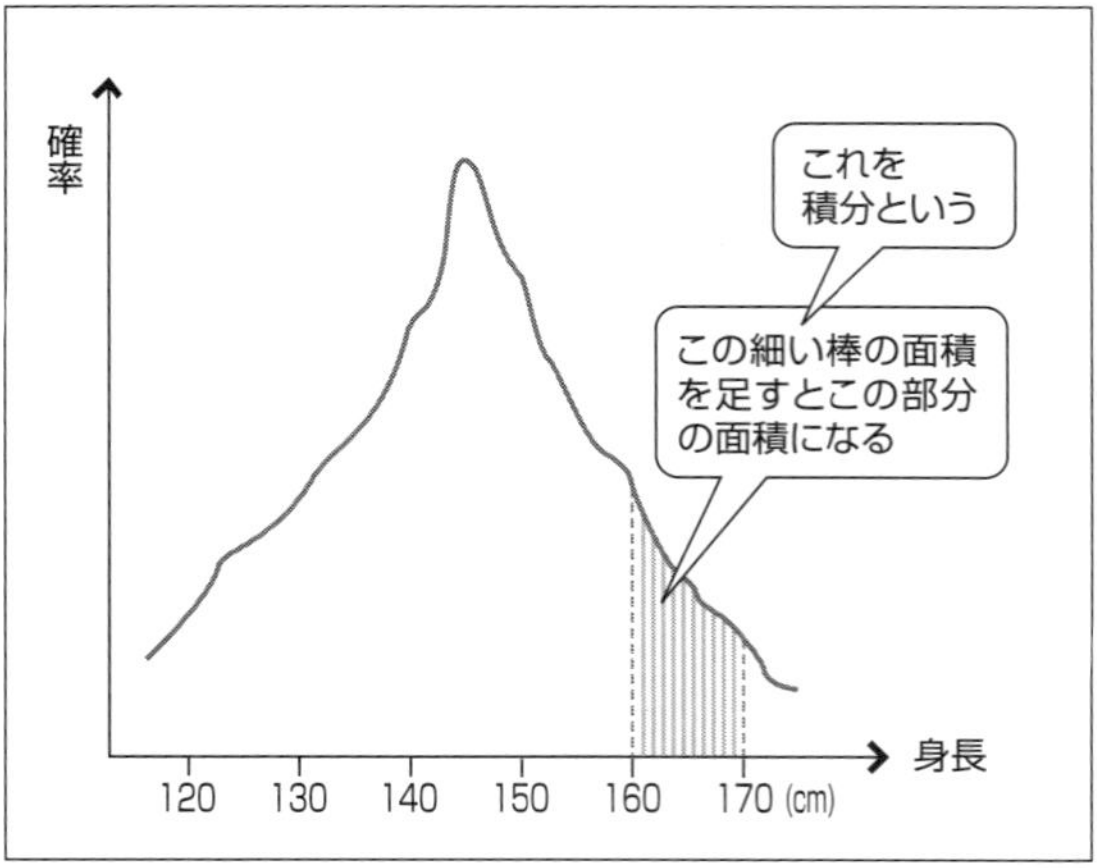
確率
これを
積分という
この細い棒の面積
を足すとこの部分
の面積になる
身長
120
130
140
150
160
170 (cm)

う。棒の高さが確率でした。しかしこの確率を、横の長さが１の〝棒の面積〟と考えることもできます。棒（長方形）の面積は「たて×横」で、横＝１なら、棒の面積＝棒の高さ（たて）＝確率です。そうです。１人の小学生を選んで、その人の身長が１６０㎝～１７０㎝である確率は、右の図・上側の網掛けの部分の面積となります。

見方を変えれば、１６０㎝から１７０㎝の網線部の面積（確率）は、先ほどのグラフその３にある細い棒の面積を限りなく細かくして足していったものと考えられます。これが積分、分かれているもの（分）をつなぐ（積）です。

積分とは、曲線をたてに細かく区切って、そのたて棒を限りなく足していくことであり、それによって面積を出すことなのです（右の図・下側）。

Ｍサイズは何パーセントいる？

今までやってきたのはイメージの世界です。現実の世界では、数字は38ページの表しかなく、グラフもその１しかありません。データはこれ以上ないので、今までイメージしたように細かくはできません。

でも何となく、今までの考え方（頂点をつないでいく）が使えそうな気がしませんか？　ち

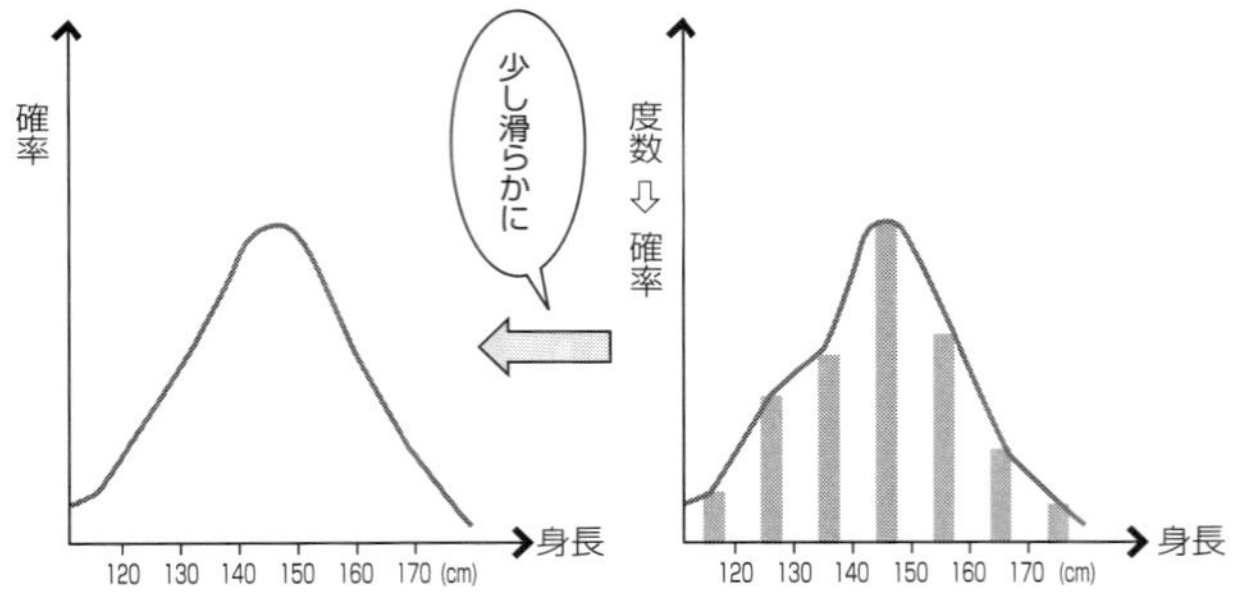

なみに数学者たちは、がんばってこれを使いました。

　横軸を、ランクではなく身長と考えて、ヒストグラムの棒の頂点をつないでみましょう。そのうえで、少しカドを取ってなるべく滑らかにしてしまえば、もう先ほどの山形の曲線です。多少荒っぽいのですが、何とかデジタルがアナログの曲線になりました（上図）。

　この曲線さえあれば積分ができます。

　子供服のMサイズが身長135～155㎝だとします。Mサイズの小学生が全体の何％いるかがわかりますか？

　そうです。次ページの図の、網掛け部分の面積です。面積を出すのが積分でした。つまり、この曲線を積分すれば（数学っぽくいうと、身長

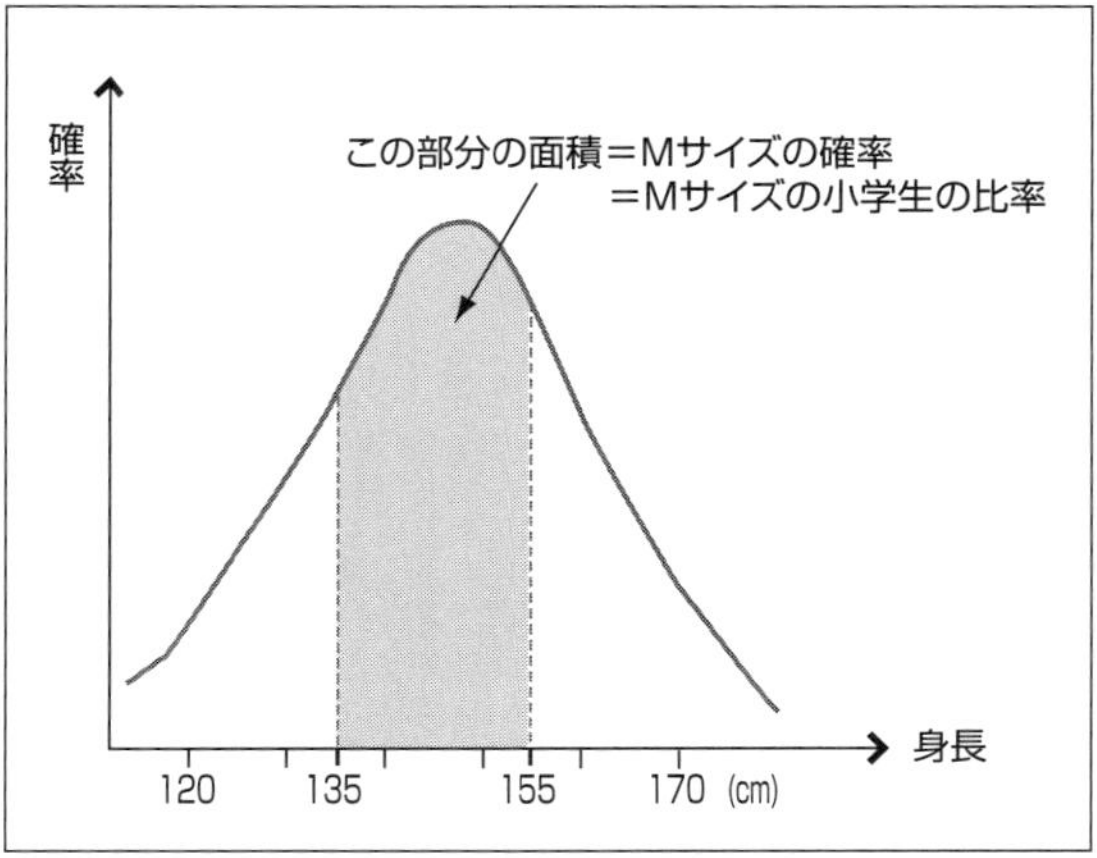

曲線を１３５から１５５まで身長で積分すれば）求められます。

数字がわかればコンピュータが積分してくれる

では、積分はどうしたら計算できるのでしょう。心配しなくても、微分同様にコンピュータでグラフが書ければ（式で表わせれば）、コンピュータがやってくれます。

でも、先ほどの身長ランク表のようなデジタルの数字を、どうやって曲線というアナログにして、式で表わせるのでしょうか。

これも大丈夫です。こういった数字があれば、コンピュータがたて軸と横軸の関係をうまく式で表わし、グラフを書いて、しかも積分までやってくれます。

ただ、グラフを「大体どんな形にするか」は人間が決めなくてはなりません。曲線の形には先ほどの〝山形〟や、中学くらいでやった〝放物線〟（モノを上に投げた時に描くカーブ）、高校でやった〝指数曲線〟（上昇または下降曲線）……など、いろいろなパターンがあります。数字からこれを判定することは、コンピュータには少しきつい仕事です。だからこそ人間がこの形だけは決めてコンピュータに教える必要があります。

この例のように、確率を考える時には、多くの場合、山形を考えればOKです。山形の特徴は、頂上を1つ持ち、左右に裾《すそ》野《の》が広がっているというもので、数学では正規分布とよばれます（あとでゆっくり解説します）。何か難しい本を読んでいて、正規分布と書いてあったら「ああ山の形の曲線ね」と思えばOKです。

ビジネスの世界で使う積分は、デジタルをアナログに変え、そのつないだ曲線の面積を出すものです。そして「山形でいこう」と人間が決めれば、コンピュータがすべて積分してくれます。

本書では「ビジネスに使える微分・積分」のことをビセキ（厳密にいうと、きちんと数学的に定義された微分・積分とは少しだけ違うので）、その考え方をビセキ的思考と表現します。これから先はこの「ビセキ」と「ビセキ的思考」の使い方です。ゆっくり楽しんでください。

コラム②

必要条件と十分条件

前のコラムに続いて数学、論理、ビジネスの関係をもうちょっと書きましょう。

数学は〝数〟を扱う学問です。だから数学です。いろいろな数を定義したり（分数、マイナス、対数、サイン・コサイン……）、数の計算方法を考えたり（微分・積分……）、数の法則（ピタゴラスの定理……）を見つけたり……といったことです。

数学を考える学者たちは、すごく論理的で、計算方法や法則を見つけたりする時に、いろいろな論理テクニックを思いつきました。そしてそれを学者らしく皆で共有していきました。

彼らはこうして「論理学」という数学の一分野を築き上げてしまいました。一方、哲学という文系学問の一部としても論理学は生まれ、哲学らしく論理についてさまざまな議論がなされていました。この議論に数学者たちも加わり、その論理性でまわりを論破してしまいます。こうしていつの間にか哲学的論理学は消え、論理学は数学にのみ存在する学問となりました。

論理学のベースは「AならばBである」という命題です。論理学における命題とは「正しいか、まちがっているかが判定できる文」という定義です。

命題は「マネジャー（A）ならば勤続15年以上（B）である」といった表現です。

これが正しい時、BがAの条件のようになるので、BをAの必要条件といいます。

「勤続15年以上はマネジャーになるための必要条件」と表現します。

また、年功序列の会社で、「B（勤続15年以上）ならばA（全員マネジャーになる）」の時は、BをAの十分条件といいます。

「勤続15年以上はマネジャーになるための十分条件」と表現します。

また、Aではないことを「Aの否定」といいます。「マネジャーである」がAなら、「Aの否定」は「マネジャーではない」です。

否定にはおもしろい法則があります。「AならばB」が正しいのなら「Bでないなら、Aではない」も正しいということです。

「マネジャーは勤続15年以上」が正しいなら「勤続15年未満の人はマネジャーではない」も正しいということです。

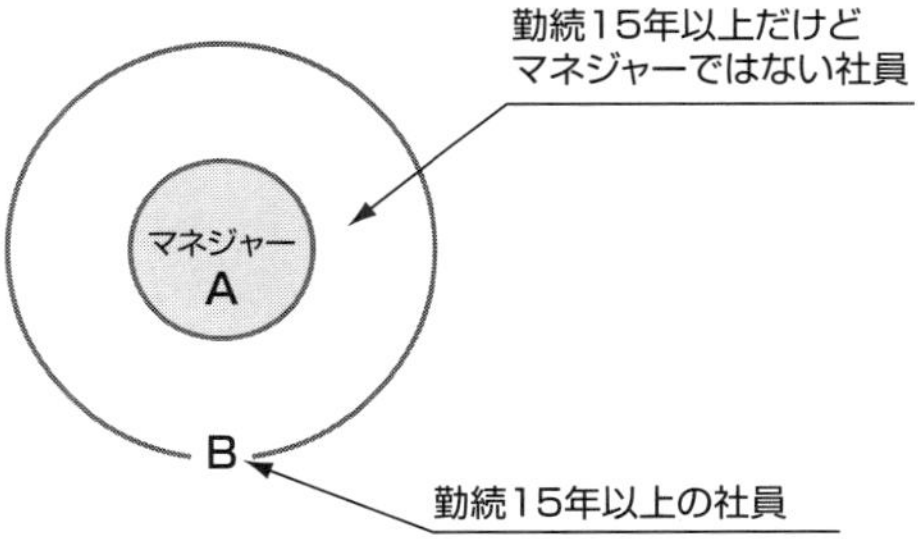

数学ではこの論理学に〝集合〟という発想をうまく〝くっつけて〟います。

集合とは「何らかの特徴を持ったものの集まり」です。例えば、マネジャー（A）や勤続15年以上の社員（B）は〝集合〟です。最近では小学校でも集合を教えています。

「AならばBである」時、これを集合を使って絵にすると上の図のようになります。この時AをBの部分集合といいます。

集合には「和集合」と「積集合」というものもあります。

X（価格が1000円以下の商品）、Y（前期より売上が落ちている商品）という2つの集合のうち、どちらかに属している要素（商品）の集まりを、

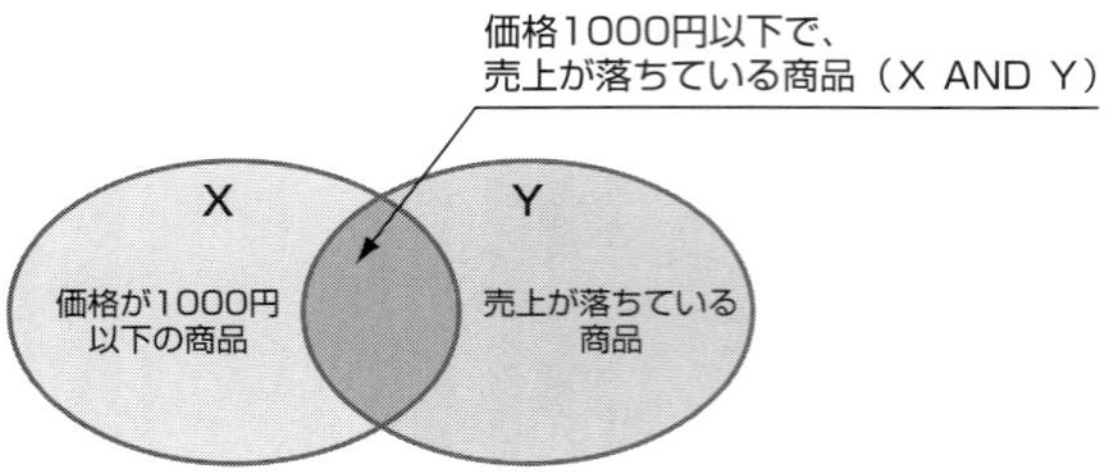

「和集合（OR）」、両方に属している要素の集まりを「積集合（AND）」といいます（上図）。

「ライバル店が明日バーゲンをやるので、うちも価格1000円以下の商品、前期より売上が落ちている商品は、明日から値下げだ」と言われたら、「ANDかORか」を確認しなければなりません。

ANDとORにも法則があります。

ANDの否定はOR、ORの否定はANDです。値を下げるのが「価格1000円以下の商品」AND「売上が落ちている商品」なら、値を下げないのは「価格が1000円を越えている商品」OR「売上が落ちていない商品」となります。

第2章　微分がわかれば利益が上がる

未来をビセキで予測する

予算という言葉から、どんなイメージが浮かびますか？

予算とは「予め《あらかじ》計算する」という意味です。「予め」とは〝やる前〟ということです。つまり、予算は〝仕事をやる前〟に、〝やった結果〟を予測しておくというマネジメント手法です。

予算は未来予測です。そしてこの未来予測にビセキ（微分・積分）は極めて有効です。もっといえば、ビセキの99％は未来予測に使われています。ビセキは先行き不透明な現代にぴったりのツールといえます。

予算は、ビセキがわかっていないと、どうしてそういう予測結果（マネジメントでは目標と表現する）になったかがわからず、目標はいつの間にかノルマ（「つべこべ言わず達成しろ！」）となってしまいます。上から目標が降ってくる感じですね。

もし、少しでも予算をノルマだと感じている人がいたら、すぐにビセキでその誤解を解きましょう。そうすれば、ノルマというプレッシャーから解放されるだけでなく、会社の予算をマネジメントする〝リーダーとしてのポジション〟があなたを待っています。

さあ、予算をビセキしましょう。

経済学に革命を起こした微分

ビセキをビジネスに取り入れるきっかけとなったのは、18世紀に誕生した経済学です。経済学は、社会全体に着目する、いわば政治のためのマクロ経済学と、企業に着目する、いわばビジネスのためのミクロ経済学に分かれます。

ミクロ経済学の原点は、マクロ経済学から生まれた資本主義です。資本主義とは「カネなどの〝資本〟を持つ資本家が、労働者から労働力を買い（！）、自分の持つ資本と組み合わせて財（商品のこと）を生み出すことで〝利益〟を得る」という考え方であり、ここに生まれたのが企業です。

19世紀に入って、経済学に「限界革命」が起きます。微分のことを文系らしく〝限界〟と文学的に表現し、この限界（微分）という考え方を取り込むことで、〝経済学に革命が起きた〟というものです。革命とは少し大げさですが、要するに経済学という文系学問に、数学という理系学問が入ることで、ガラッと変わったわけです。

一方で、ミクロ経済学はまず、企業経営を考える経営学として派生し、マネジメントという考え方を生みました。経済学で起きた限界革命は、当然のようにマネジメントにも革命を起こし、その結果として予算というシステムを生みました。つまり予算の理論的バックボーンはビセキであり、世のビジネスマンが予算を理解できない理由もビセキがわからないからなのです。

「限界利益って知ってますか？」

限界利益という言葉を聞いたことがあるでしょうか。これがビセキと予算の接点です。

私は仕事柄、新入社員から社長まで、企業のさまざまな層の人と会います。そしてこの人たちを教育したり、コンサルティングしたりする時、失礼ながらどの程度の知識レベルかをチェックするために、「限界利益って知ってますか？」と質問します。

一般社員（俗にいうヒラ社員）クラスですと、ほぼ全員が「聞いたことがない」と言います（経済学部出身の人で、たまに「聞いたことがある」と言う人もいますが、意味は知りません）。マネジャークラスになると、半分くらいが「聞いたことはあるが、意味はよくわからない」と言い、半分くらいは「損益分岐点かなんかですよね」と言います。おそらく、マネジャーになる時にやった〝マネジメント教育〟で、この言葉が使われていたのでしょう。そして半数の人は結局意味がわからず（わかろうとせず）、半数の人は誤解して（わかったつもりになって）しまったのでしょう。

限界は、英語のmarginal《マージナル》という形容詞の訳であり、リミットとは少し意味が違います。リミットは「ボクシングのフライ級のリミットは……」という感じで「限界の点」を表わしています。

一方marginalは、本来は〝へりの〟とか〝端の〟という意味で、そこから転じて「もうこれ以上小さくならない限界」という意味も持っています。経済学では（これを応用したマネジメントでは）この限界（marginal）を、「あるものが〝1単位増える〟ことで変わる量」という意味で使っています。

どこかで聞いたことがあるという方もいると思います。そう、限界とは第1章で述べたビセキの〝伸び〟のことなのです。伸びとは、「横軸が1つ（1単位）進む（つまり増える）と、たて軸がいくつ増えるか」というものでした。だから限界＝伸びです。こうして見ると、marginal の〝へりの〟〝端の〟という意味は、33ページの「デルタ」を表現するにはぴったりです。

では、限界利益とは何でしょうか。そうです。限界利益とは、「あるものが1単位増えると、それに伴って増える利益のこと」です。

限界利益＝伸び＝〝稼ぐ力〟

まずは単純な例で考えてみましょう。実はこの単純な例という考え方は、数学ではよく使われます。数学の世界では、このように複雑でごちゃごちゃしたものを、すっきりとして単純なものに変えることを、「正規化」といいます。頭の柔らかい人は、まずは単純な例（非現実的といってもよいもの）で考えて、それを〝一般化〟（現実の話に戻す）していこうと考えます。しかし頭の堅い人は、単純な例では現実的でないと思って、最初から現実の複雑なパターンを考え、そしてその複雑さにギブアップしてしまいます。

イワシ専門の魚屋さんを例に考えてみます。ここではすべてのイワシを1匹80円で仕入れて、１００円で売っています。もちろん、こんなイワシ屋はありませんが、世の中の商売を、「単純化（正規化）」しています。

この時の限界利益、すなわちイワシが1匹売れるとそれに伴って増える利益は20円です。これはわかりますよね。

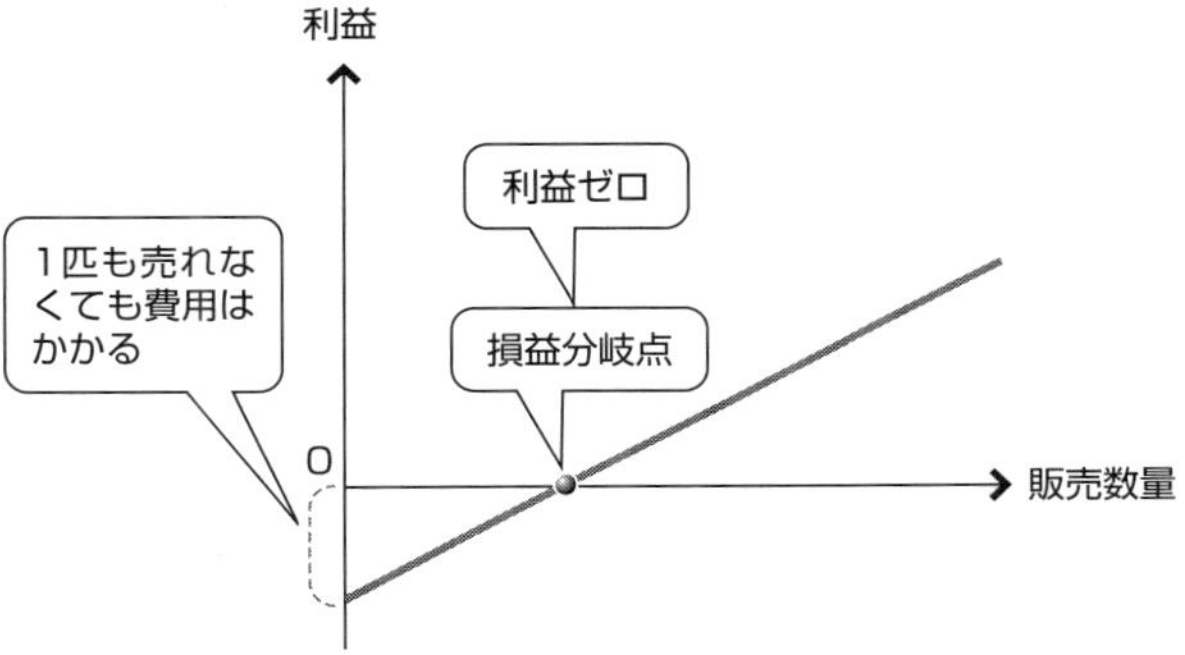

この販売数量と利益の関係をグラフにしてみます（上図）。たて軸は知りたいものである利益、横軸はそれを知る上で必要な販売数量です（27〜28ページで述べた鉄則です。ビジネスでも忘れず使いましょう）。イワシが1匹も売れなくても、店舗の家賃や水道代などがかかり、これでは利益がマイナス、すなわち赤字となります。

さて、イワシが1匹売れると、100円売上が増えます。これを限界収入といい、1単位増えると増える収入を指します。

一方、イワシ代80円という費用が発生しますが、これを限界費用といい、1単位増えると増える費用を指します。こうして限界利益が20円出ます。

イワシをがんばって売り、この20円を積み上げて、何とか利益がゼロ（収支トントン）になる販売数量を損益分岐点といいます。この販売数量を超えると、1匹売ると限界利益分（20円）だけ利益が生まれてきます。「限界利益って知ってますか？」という質問に「損益分岐点……」と答えた半数のマネジャーも、セミナーでこんな説明を受けて、何となく「限界利益は損益分岐点と関係がある」と認識していたのでしょう。

第1章を読み終えたみなさんには、限界利益が前ページ・図中の直線の伸び（1つ右へ行くといくつ上がるか＝20＝微分係数）を表わしていることがわかるはずです。限界利益（伸び、微分係数）はイワシの商品力、つまり稼ぐ力を表わしていることが直感できると思います。

仮に、この魚屋でタイも売ろうと考え、タイの限界利益が40円の場合は、「タイはイワシの2倍稼ぐ力がある」という表現になることは納得できるでしょう。

マネジメントとビセキが結びつく

今度は少しだけ複雑にして、ガソリンスタンドで考えてみましょう。もちろん、このガソリンスタンドも〝非現実的＝正規化〟されたものです。

ここではガソリンを仕入れて売るのですが、ガソリンは仕入れれば仕入れるほど、つまり

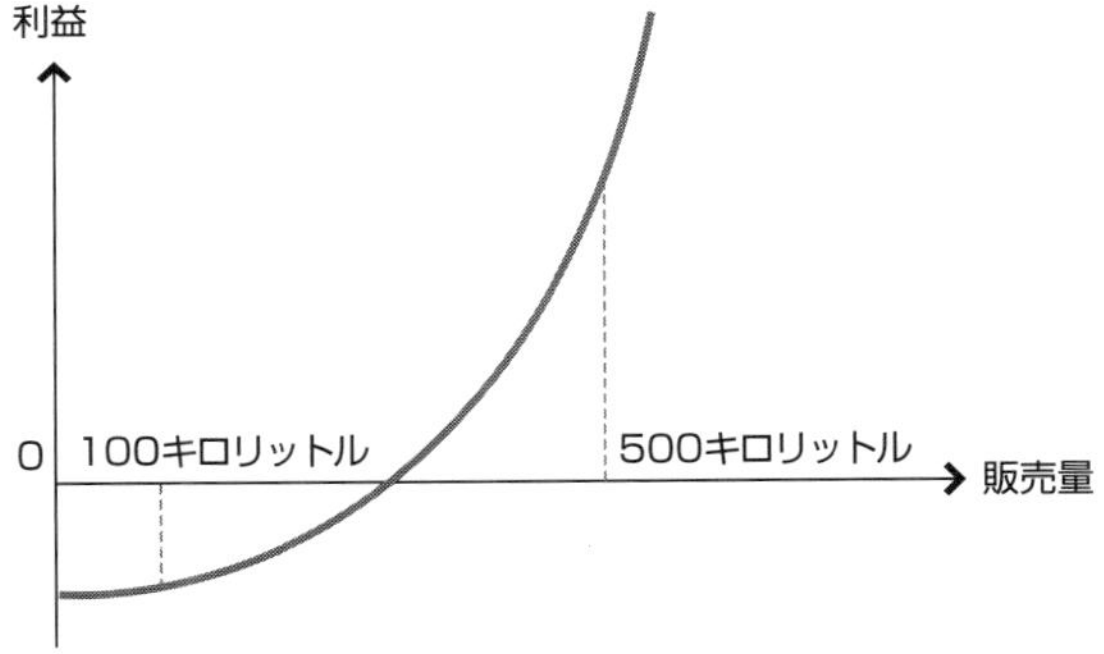

売れれば売れるほど、原価は下がっていくとします。そうなると、先ほどの利益と販売量の関係は上図のような曲線になります。

ここでも「1リットル販売量が増えると、増える利益」が限界利益です。しかし今度は、100キロリットル（キロは千のこと）と500キロリットルでは限界利益が違うのが直感でわかると思います。つまり、100キロリットル近辺の稼ぐ力と、500キロリットル近辺の稼ぐ力は違うことが感じとれます。

この2つの〝稼ぐ力〟を比較したいのですが、イワシ専門店と違い、なかなかやっかいです。稼ぐ力は、販売量が大きくなるにつれ、どんどん変わっていきます。

つまり、限界利益もどんどん変わっていきま

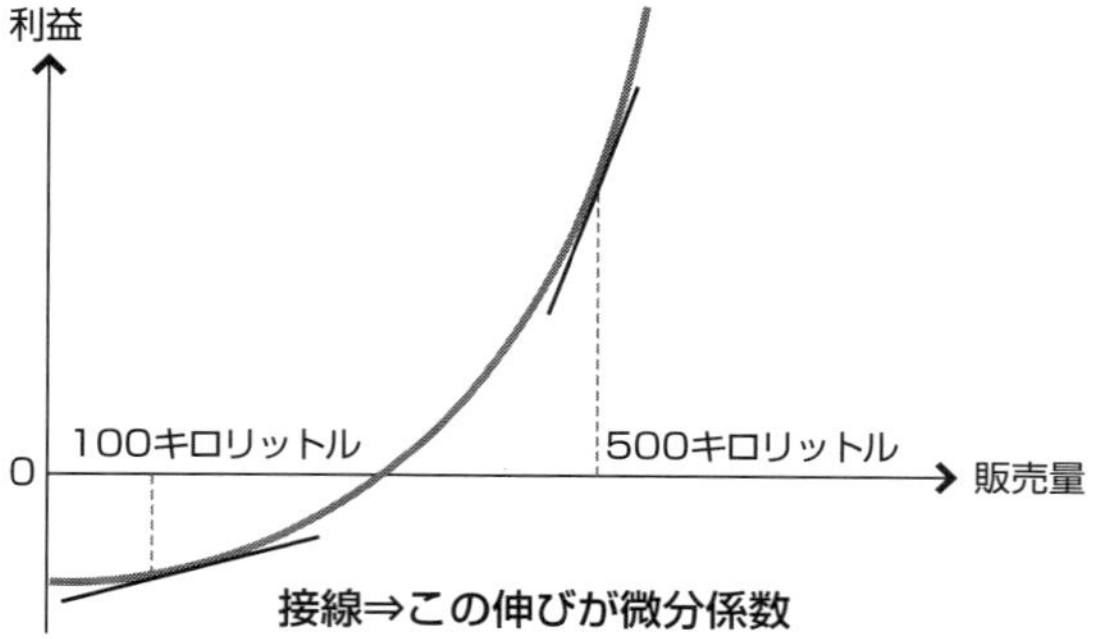

す。しかも1単位といっても、その単位がリットルなのかキロリットルなのかによっても違ってきます。

第1章を読んだ方には、もうわかったと思います。ここで使うのはビセキの微分係数です。100キロリットルの〝点〟と、500キロリットルの〝点〟で接線を引いて、その〝伸び〟を出せば、これが微分係数となり、それが限界利益です。

微分係数は、上図のようなグラフを書ければ（販売量と利益の関係が式で表わせれば）、コンピュータが計算してくれます。

計算した結果が100キロリットルで「10」、500キロリットルで「20」の微分係数（限界利益）なら、500キロリットルの時点では、1

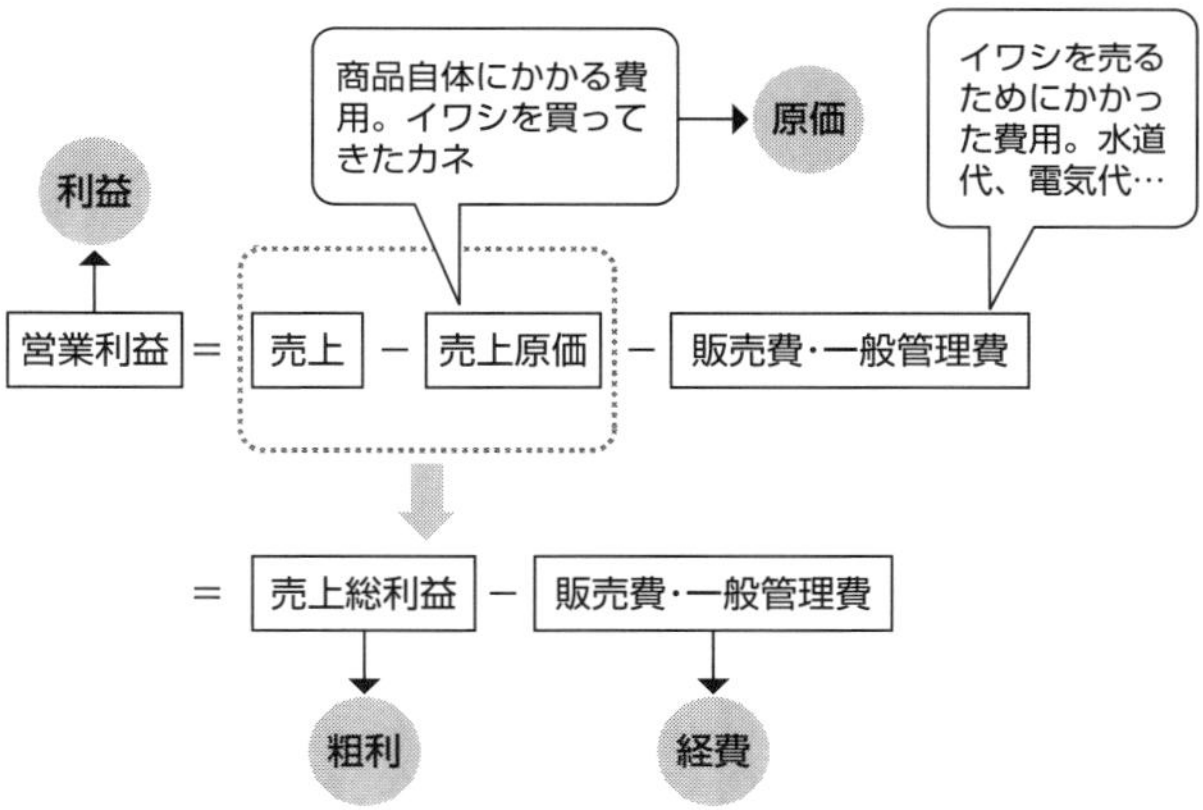

00キロリットル時点の2倍の稼ぐ力があるといえます。

　このように、量が増えれば利益率が上がることをよく「規模の利益」といいます。こんな感じで、経済学（⇒経営学⇒マネジメント）と、ビセキという〝数学〟は結びつきました。

今度は利益を会計の世界で考える

　一方で、マネジメントした結果を数字にするのが会計学です。会計学といいましたが、学問というよりも会計の計算法という、算数のようなものです。今度は利益を経済学ではなく、会計の世界で考えてみましょう。

　企業会計の損益計算書（P／L）では、利益（正確にいうと「営業利益」＝「本業で稼いだ利益」。魚屋であれば魚を売ってもうけたカネ）を61ページ図のように計算します。

本書では、売上原価は略して「原価」、売上総利益（粗利、粗利益、GM、GPなどその会社によって表現が違いますが）は「粗利《あらり》」、販売費・一般管理費は「経費」と表現します。

売上から原価を引くと粗利、粗利からさらに経費を引くと利益です。

目標利益を目標販売量へ

先ほどのイワシ専門の魚屋に話を戻しましょう。この魚屋では経費が月々40万円かかります。経費は売れても売れなくても変わりません（こういうタイプの費用を固定費といいます）。

イワシ1匹あたりの限界利益は20円でした。イワシをどんどん売って経費をまかなうには、「40万円÷20円」で2万匹売る必要があります。2万匹売れば収支トントン（損益分岐点）です。

しかしこれでは利益がゼロで、店主のもうけがありません。店主としては20万円の利益が欲しいとします。そうすると、あと「20万円÷20円」で、1万匹売らなくてはなりません。

つまり、利益を20万円出すには「2万匹（トントン）＋1万匹（利益分）」で、3万匹売らなくてはなりません。

（目標利益＋経費）÷１匹あたりの限界利益 ＝ 目標販売量

これは何をやってるかというと、店としての目標利益20万円を目標販売量３万匹に変えているのです。

店主からすれば、目標利益20万円といっても、毎日毎日、利益計算しているわけではありません。だから月の途中では、あとどれくらいがんばれば、利益が目標額に届くかがわかりません。

しかし、目標３万匹で、現在トータル２万匹販売しているのであれば、67％の達成率で、あと１万匹売れば目標達成です。これが予算の原点です。これを式として書くと上のようになります。

目標利益から目標売上を出す

さて、いよいよ正規化から少しだけ一般化してみましょう。

イワシ専門でスタートした魚屋も品揃え（商品の種類）を増やし、次第にいろいろな魚を売るようになりました。もちろん、タイもハマチも「全部1匹100円で売る」というわけにはいきません。なので「1匹あたりの限界利益」が決まりません。

そこで限界（1単位増えると）の1単位を1円と考えます。つまり「1円売上が増えたら、利益がどれくらい増えるか」を考えてみます。この1円あたりの限界利益を〝限界利益率〟といいます。

イワシは1匹80円の原価で、これを100円で売っています。したがって、粗利が1匹あたり20円で、粗利率（粗利÷売上）は20÷100＝0.2となります。算数でやった「割合」ですね。つまり、100円売上（1匹）が増えると20円利益が増えますので、1円売上が増えると0.2円利益が増えます。

このように「売上が増えると増える費用」が、魚の原価だけだとすると（もちろん正規化しています。売上が増えれば水道代などの経費も増えます。まずは正規化です）、限界利益率＝粗利率（20%）となります。

タイもハマチも、利幅（粗利率）を一定にすれば（原価に対して一定の利幅をのせて販売価格を決めれば）、この魚屋の限界利益率は一定となります。言い方を少し変えると、「予算上、限界利益率をすべて一定にする」ことができます。

（目標利益＋経費）÷ 限界利益率 ＝ 目標売上

魚屋も大きくなり、経費が1カ月あたり80万円かかっています。ここでいくら売上を出せば収支トントン（損益分岐点）になるかを考えてみましょう。

1円売ると0.2円の利益、１００円売ると20円、１００万円では20万円になります。80万円の経費を〝魚の粗利〟で稼ぐなら、80万円÷0.2で４００万円、つまり売上が４００万円あればOKです。

さらに目標利益を50万円出すには、50万円÷0.2で２５０万円の上乗せが必要で、トータルで６５０万円の売上が必要です。これを式で表わすと上のようになります。

こうして店ではコントロールしづらい目標利益を、今度はコントロール可能な目標売上へと変えています。今月の目標売上が６５０万円で、今現在５００万円売れていれば、あと１５０万円売れれば売上目標達成（＝目標利益50万円の達成）です。

ここで大切なことは、さっきの式を覚えることではありません。式はコンピュータが覚えてくれます。知って欲しいのは、ここまでのプロセスです。「数字（利益、目標）がわかる」というのは、どうしてその数字となったかがわかり、そしてそのプロセスを人に説明できるということなのです。

限界利益率が違うなら事業部制にする

では、魚の種類によって、どうしても限界利益率を変えなければならない時（利幅を同じにできない時）はどうしたらよいでしょうか。

この時は、イワシ、タイ、ハマチという商品ごとに部門を作るのです。イワシ部、タイ部、ハマチ部……といった具合です。この部門単位に、目標利益から目標売上を作っていくことになります。

タイの利益目標50万円、経費は30万円、限界利益率は0.4なので、目標売上200万円といった感じです。そのためには家賃、水道代などの経費をその部門に振っていく（配賦《はいふ》という）必要があります。

そうなると、各商品部門は「小さな会社のような組織」になっていきます。このような単位（限界利益率が違って、それぞれが利益目標を持つ組織）を事業部、SBUなどとよびます。

イワシ事業部、タイ事業部、ハマチ事業部として、別会社のように目標を作っていくものです。いかがでしょうか。皆さんの会社にもありませんか？

もう少し現実的な例で考える

ここまでが理解できれば、皆さんの会社でやっている〝予算の仕組み〟もわかります。もう少し一般化しましょう。

全国に20支店を持つ大手食品メーカーの例で考えてみます。

この食品メーカーは自社の工場で製品を生産し、各支店からスーパー、コンビニ、専門店などを通して消費者へ販売しています。支店には、販売店に商品を売り込むセールスマンがたくさんいます。ちなみに、このメーカーは事業部制にしていません。

さあ予算作成です。まず経営者は株主へ約束する〝今期の目標利益〟を設定します。次に前期の経費の実績を見て、削る所は削り（少しエネルギー費が高いので節約しよう）、増やす所は増やして（戦略商品のプロモーション費は思い切って増やそう）、来期の目標経費を決めます。目標経費はよく経費予算ともいわれます。

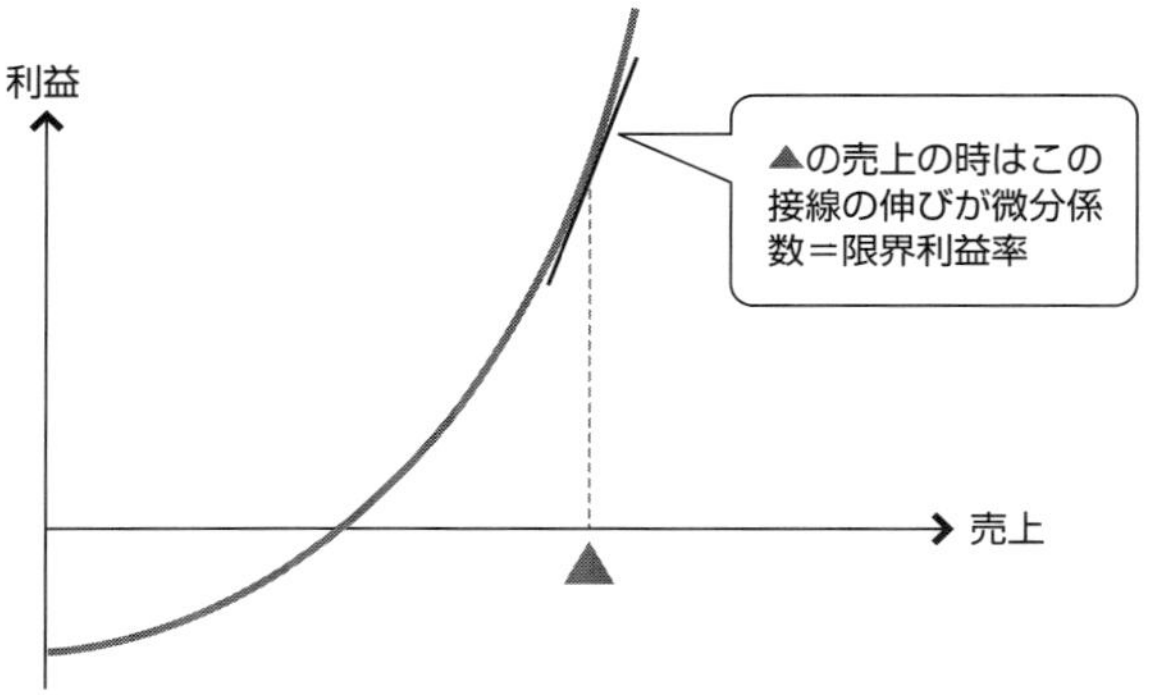
利益
▲の売上の時はこの接線の伸びが微分係数＝限界利益率
売上

次に、限界利益率を考えます。しかし一般の企業では、これがイワシ専門店のように一定ではなく、〝規模の利益〟が働きます。つまり、利益と売上の関係は先ほどのガソリンスタンドのようになります。

したがって限界利益率は、ガソリンスタンドでやったように、この曲線の各点の接線の伸び、つまり微分係数となります。ようするに、売上によって限界利益率が変わっていきます（上図）。

各売上における限界利益率を出すには、コンピュータでグラフを書く必要があります。つまりコンピュータに売上と利益の関係を表わす式を教えなくてはなりません。

しかし、上図のような曲線を表わす式は極め

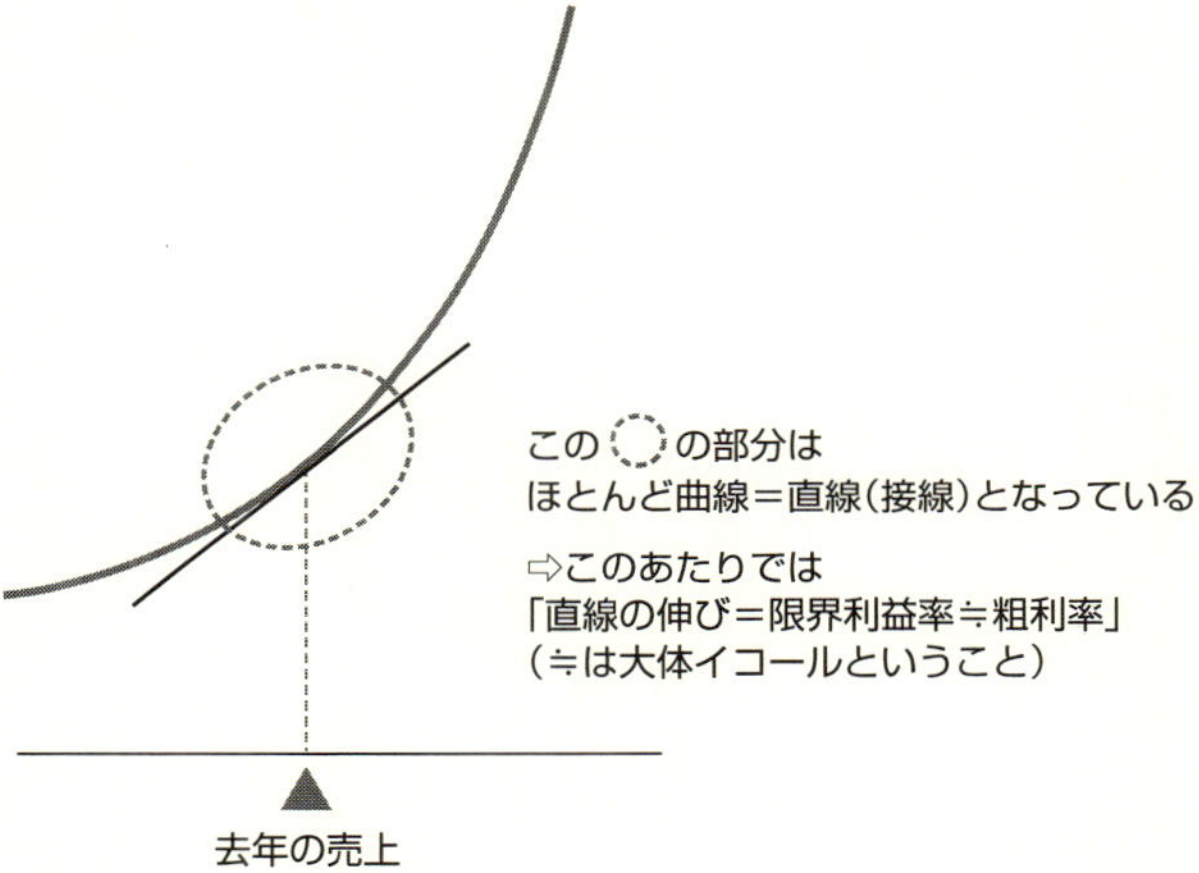
この◌の部分は
ほとんど曲線＝直線（接線）となっている
⇨このあたりでは
「直線の伸び＝限界利益率≒粗利率」
（≒は大体イコールということ）
去年の売上

て複雑で、コンピュータには理解できても一般人にはとても理解できません。

そこで前期の売上と同じあたりに目標売上があると考え、売上が変わっても、それほど限界利益率が変わらないと考えます。

そうすれば、先ほどのイワシ専門店のように直線となり（正確にいうと「直線のように見える」。数学的にいえば「直線に近似する」）、やはり粗利率≒限界利益率となります。

つまり、前期の粗利率から今期の粗利率を決めれば、これを今期の限界利益率と考えてよさそうだ、ということなのです。

粗利率＝（販売価格−原価）÷販売価格です。

したがって、原価（製造原価）が前期に比べどうなるか（コストダウン、コストアップ）を考え、販売価格を上げるか下げるか（低価格戦略か高価格戦略か）を決めれば、粗利率≒限界利益率は、ざっと決まります。

ここまでできれば、例の式で目標売上が計算できます。

目標売上＝（目標利益＋経費）÷限界利益率（≒粗利率）

こうして会社の目標売上が決まりました。

これを売上が実際に発生している支店へ〝目標〟として、とりあえず配賦します。

配賦はセールスマンの人数（この場合よくパーヘッドという言葉を使う。セールスマン1人あたりの売上のこと。これが同じになるように配賦すること）や、支店内のパイの大きさ（人口などによって決まる当社の食品の需要。第4章参照）をベースとします。

1000億円の目標売上で、この会社にいる100人のセールスマンを配賦基準とするなら、1人10億円の目標（パーヘッド）となり、セールスマンが10人の支店の目標売上は100億円となります。

目標と予測を一致させる努力

予算は、この支店別の目標売上を、さらに各セールスマンに振って「終わり」というものではありません。一方で、セールスマン1人ひとりが、自分の担当店舗やそこでの販売状況から、自らの担当分の今期の売上を予測します。これを〝予測売上〟と表現します。

そのうえで、各セールスマンの予測売上を積み上げると支店ごとの予測売上が出ます。多くの場合「支店別目標売上＞支店別予測売上」です。ここから両者をイコールになるように持っていきます。これが支店長というマネジャーの仕事であり、予算調整といわれるものです。

マネジャーから見ると、「対セールスマン」と「対経営」という2つの調整が必要です。対セールスマンは、「売り方を変えること」で予測売上が増えないかを考えます。

例えば、中規模スーパーを重点顧客として集中してセールスすることで、予測売上を伸ばすといったことです。

一方、対経営では経営者や他のマネジャーとともに、何とか目標売上と予測売上をイコールにしていきます。例えば、販売価格を上げるとどうなるかを考えます。こうなると限界利益率は上がります。したがって目標売上は下がります（限界利益率で割っているので）。

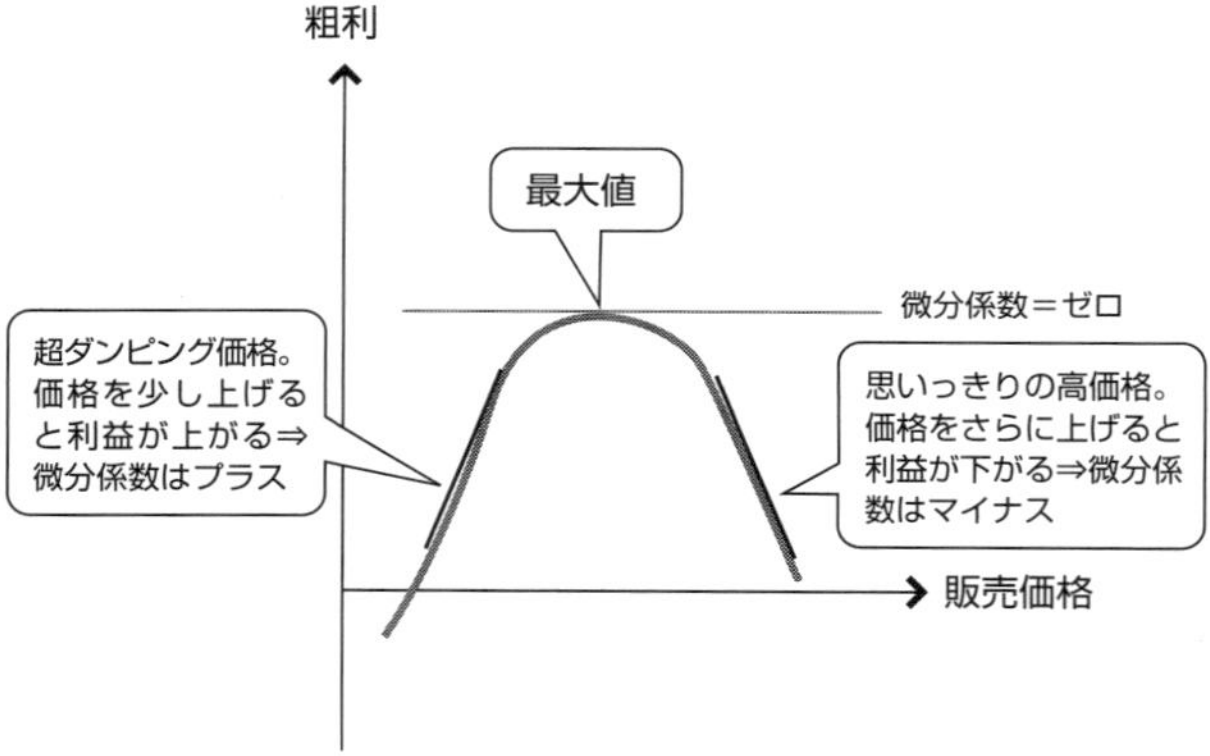
粗利
最大値
微分係数＝ゼロ
超ダンピング価格。価格を少し上げると利益が上がる⇒微分係数はプラス
思いっきりの高価格。価格をさらに上げると利益が下がる⇒微分係数はマイナス
販売価格

しかし販売価格を上げれば予測売上も一緒に下がってしまうはずです。価格を高くすれば、売れ行きが落ちるはずですから。

冷静に考えてみましょう。価格を変えれば予測売上が変わり、その結果予測される利益が変わっていきます。予測売上を目標売上に合わせるとは、予測利益を目標利益に合わせるのと同じです。

したがってやるべきことは、価格を変化させ、利益（この場合は経費が変わらないので粗利と同じ）が最大となる所を見つけることです。

最大といえばビセキです。ビセキの鉄則どおり、たて軸（知りたいもの）に粗利、横軸（それを知る上で必要なもの）に販売価格を取ると、上図のような感じになるはずです。

つまり、粗利が最大となる販売価格がありそうです。

もし、販売している商品ごとにこのグラフがコンピュータで書ければ（つまり式で表わせれば）、ビセキで微分係数がゼロの価格を見つけることができます。グラフで書けるケースについては第4章の価格弾力性の所で詳しくやります。ここではグラフで書けないケースをさらっと解説します。

まずは、商品ごとに（たくさんあるなら主力商品を中心に）販売価格と粗利の関係を頭の中でイメージして、コンピュータを使わずフリーハンドでざっと曲線を書いてみます。曲線が書ければ前ページの図のように、粗利が最大となる価格が求められるはずです。フリーハンドでも曲線が書けない時は、〝今の価格〟の微分係数がプラスかマイナスかくらいをざっと考えてみます。

これは、その商品の販売価格を今より1円（1円で細かければ10円、100円、……）上げたら、販売数量はざっとどの位動きそうのか、それによって粗利が増えるのか、減るのかを考えることです。

ここは人間の直感がポイントです。直感は、当然のことながら現場の第一線の人たち、つまり、セールスマンなどに頼ることになります（ただ、彼らは売りたい一心で価格を下げたがるので、少し気をつけましょう）。

もし微分係数がプラスと踏めば値上げ、つまり高価格戦略です。また、微分係数がマイナスなら値下げ、つまり低価格戦略です。こうして何とか〝微分係数がゼロになるあたりの価格〟、すなわち粗利が最大となる価格を考えます。

粗利が最大となる（なりそうな）価格がわかれば、限界利益率が再設定されます。同時に価格戦略が修正されます。

予算調整では限界利益率だけでなく、経費も変化させてみます。ここでも経費と利益の関係を考えます。例えばプロモーション費なら、これと利益の関係も直感的なグラフに書ければ、これで最大値を求めます。

書けなければ現状のプロモーション費の微分係数を考え、プラスと思えばプロモーションにカネをつぎ込み、マイナスと思えばプロモーション費を削ります。このような現場の〝微分係数感覚〟が、戦略にとっては大切なのです。

予算をビセキ的思考で理解しよう

こうして利益を最大にする限界利益率、経費を見つけ、何とか目標売上＝予測売上へ持っていくようにします。

いくら調整しても一致しないなら、仕方がないので最後は目標利益を下げて、目標売上と予測売上を合わせます。こんな時、よく経営者は、「私が責任を取る」「腹をくくる」などと言います。利益という経営者自身の成績が落ちることを「甘んじて受ける」という意味ですね。達成できない目標など作っても意味がないから、経営者が株主にゴメンナサイするわけです。

予算調整が終わると、価格戦略、原価予算、経費予算などが確定し、同時にセールスマン1人ひとりが立てた予測売上と全社の目標売上が一致します。つまり、工場が約束した原価で作り、約束どおりに経費をおさえて、セールスマンが予測どおり（約束といってもよい）売上を獲得できれば企業は利益目標を達成することになります。

予算とは、ビセキを使って経営と現場の一体感を生んでいくものです。マネジメントという仕事を担当するなら、ビセキ的思考で予算を理解しましょう。そうでないとそのマネジャーの下で働く人は無理なノルマを背負わされることになり、不幸だと思います。

マネジメントを担当しなくても、経営者やマネジャーの気持ちはわかってあげましょう。それがビセキ型ビジネスマンです。

コラム③

ゲームに勝つための数学

数学は〝ゲームの理論〟という不思議な領域を生みました。

ゲームの理論は、まさにゲームに〝勝つ〟ための論理的な考え方であり、要するに必勝法です。負けず嫌いの天才数学者たちが生み出した一種の〝遊び〟です。

ここでいうゲームとは、トランプやマージャンといったゲームだけでなく、勝敗がつくものはすべてが対象になります。ビジネスでも勝敗がつけばこの対象です。ちなみに、理系にはゲーム好きが多いようです。私が入った大学は理系のみの大学でしたが、マージャン狂いの学生がたくさんいました。私もその1人です。

ゲームの理論はノイマンが考えました。この人は今のコンピュータの原型を作った天才数学者として有名です。そして、同じく天才数学者であるナッシュが完成しました。ナッシュは天才数学者ですが、30才から20年間病気と闘い、奇跡的に治ったことで有名な人です。その人生は『ビューティフル・マインド』として映画化され、大ヒットしました。

ゲームの理論は奥深くておもしろいものです。私も学生時代、この大家である鈴木光男先生から教わりました。ビジネスではこれを直接使うというよりも、ここで定義された言葉がよく〝たとえ〟として出てきます。だからいくつかは聞いたことがあると思います。

代表的なものが「ゼロサムゲーム」です。どんな場合でも、各プレイヤー（ゲームの参加者）の利益の合計がゼロになるゲームのことです。マージャンなどは典型的なゼロサムゲームで、誰かが勝った分、誰かが負けています。

これはビジネスの世界でもよく見られます。例えば、メーカーと小売業の商品売買です。メーカーが小売店へ売る商品の価格を今より10円下げれば、メーカーは10円損し、小売店は10円得します。このゲームの必勝法は、メーカーと小売店が価格折衝する（「もう少し安くならないか」）〝非協力ゲーム〟ではなく、メーカーと小売業が協力して、互いの幸福を願う〝協力ゲーム〟にして、ｗｉｎ‐ｗｉｎを目指すというものです。これがＳＣＭ（107ページ参照）の原点です。

囚人のジレンマという言葉を聞いたことがある人もいると思います。

Ａ、Ｂの２人が共犯の疑いで逮捕されており、それぞれ別の取調室で事情聴取されています。証拠はなく、自白だけが頼りです。「2人とも自白しないと、2人とも1年間勾留《こうりゅう》」「2人とも自白すると、2人とも5年の刑」「片方だけが自白すると、自白した方は釈放、自白しなかった方は10年の刑になる」という設定です。どういうゲームの決着になるか、まずはゆっくり考えてみてください。

Aから見ると、知りたいのはBが「自白する」か「自白しないか」です。ではBが「自白する」と仮定しましょう。この時Aは自白した方が得でしょうか？　それとも自白しない方が得でしょうか？　では、Bが自白しない場合は？

こう考えると、Bが自白してもしなくてもAは「自白する」方が得となり、Bから見ても同様です。つまり「両者とも賢ければ（判断力があれば）2人とも自白する」――これがゲームの決着です。

しかしよく考えると、「2人とも自白する」（2人とも5年の刑）より「2人とも自白しない」（2人とも1年勾留）方が互いの幸せです。つまりこれも、互いに「自白しない」と誓い合う協力ゲームにすれば、両者の幸せが待っています。

A社とB社が価格競争をしているケースで考えてみましょう。互いにとっての幸せは「2社とも価格を下げないこと」です。でも「相手が下げる」と思ったら、負けずに「価格は下げる」しかありません。相手が「下げない」と思っても、自社としては「下げた」方が商品が売れて幸せです。だから「下げる」となります。そして両者とも下げてしまったら、「互いの幸せの和」(利益の和)はどんどん下がっていきます。

もちろんA社とB社が協力したら、価格は下げなくてすみますが、これを競争状態でやると談合、カルテルという違法行為になります。でもA社とB社が合併したら……。

これが今のM&A(合併と買収)ブームの原点ともいえます。

第3章　積分がわかれば在庫が減る

在庫管理でビジネスを勝ち抜く

ビジネスの分野でビセキがもっとも得意とするのは、何といっても在庫管理です。在庫とは、〝商品、製品、部品、資材など、ビジネスに必要なものを、ある量だけ持っておくこと〟をいいます。在庫を使う分だけ、使う量だけ持っておくと、ロス（ムダ）が減り、驚くほどビジネスの品質が向上します。

それを教えてくれたのが、プロローグで述べたトヨタ、セブン‐イレブン・ジャパン、花王といったエクセレントカンパニーです。彼らは、ビセキを使って「必要な量だけを在庫に持つ」（逆にいえば、いらないものはなるべく持たない）という〝1つの理念〟を追究して勝ち抜きました。

在庫管理はこれだけの力を発揮するのですから、他のビセキの適用分野と比べ、奥が深いといえます。この理念の真髄を知るには、その前提として、いくつかのことを理解しなくてはなりません。ちょっと難しいものもありますが、何とか〝おいしい所だけ〟を、さらっと理解しましょう。

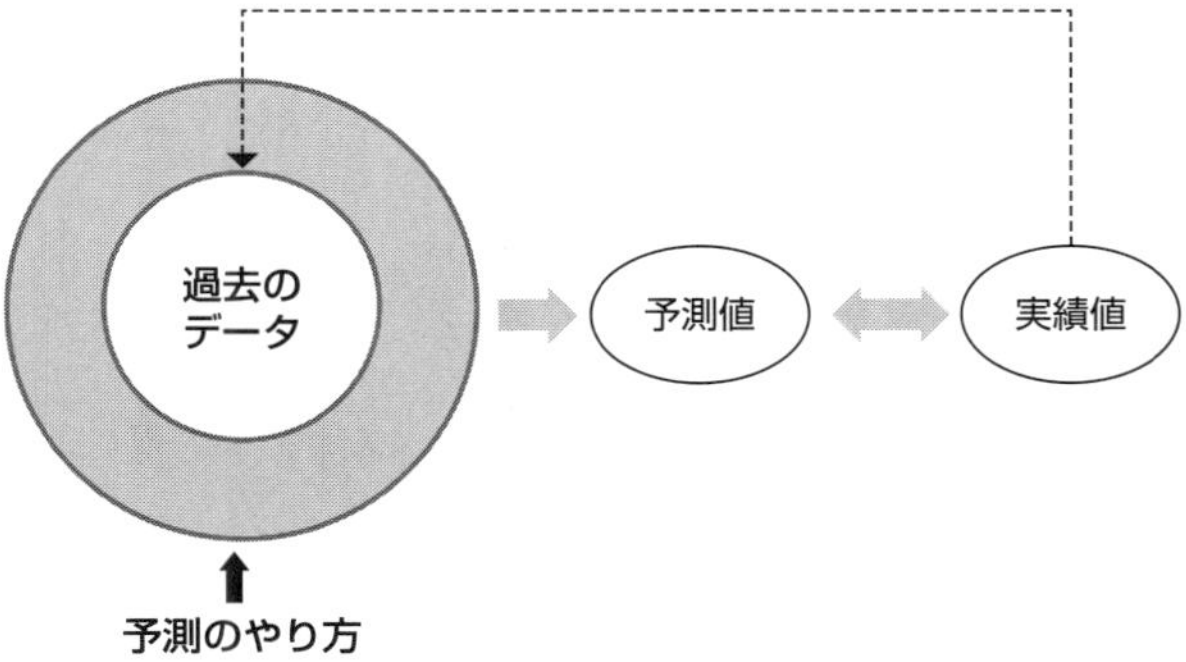

ここでは、在庫のもっともわかりやすい例として、第2章のイワシ専門店の商品在庫（イワシ）を考えます。このイワシ店では、毎日夕方に「明日売れる量」を注文し、当日の朝にそれは入荷され、そして夕方店を閉める時に、売れ残っているイワシはすべて処分することとします（正規化）。

〝予想〟ではなく〝予測〟を行う

在庫管理も予算と同様に、予測という仕事が出発点になります。イワシ専門店では「明日売れる量」を〝予測〟して仕入れ、それを在庫し、販売します。

ここでは、その予測について少しつっこんで考えてみましょう。予測とは上図のような構造を持った仕事です。

つまり、過去のデータを使って、ある予測のやり方で予測値（明日売れそうなイワシの量）を出し、しばらくして実績値（実際に売れた量）がわかるという構造です。そしてこの実績値が過去のデータに追加され、また次の予測値を出すというルーチンワークです。

ここで大切なのは、予測のやり方です。これをブラックボックスにして、不思議なカンのようなもので当てていくことは〝予想〟といいます。

企業は個人で仕事をする所ではありません。誰かのカンだけで明日を予想していると、その人に頼らなければ仕事ができず、ビジネスを拡大できません。その人が風邪を引いて休んだら、もうアウトです。

ビセキ的思考では当然のこととして、予想ではなく予測をやります。

ビジネスでは、この予測のやり方をモデル（標準化されたやり方）、ノウハウ（やり方を知っている）、プログラム（コンピュータに教えたやり方）などと呼んできました。最近では、「見える化」（カンをはっきりとわかる〝やり方〟にする）などともいっています。

このやり方にビセキを適用します。ビセキのように、はっきりと式で表わせて、答えが1つになるやり方は、融通は利かないがスピードだけは速いコンピュータの得意分野で、はっきりと〝見える化〟できます。そしてコンピュータを使うことができれば、どんなに過去のデータが多くても、やり方が多少複雑でも心配ありません。

〝たまたま〟という発想がポイント

予測を使うメリットはもう1つあります。予想の場合、はずれたらその結果を議論するしかありません。「もっと売れると思ったんだけどなあ。がんばりが足りなかったかなあ、よし明日はもっとがんばろう」「一体誰がこんな数字を予想したんだ。責任取れ！」などと。

しかし予測は違います。はずれたのなら、結果ではなく、やり方を議論します。「今日ははずれたけど、明日もこのやり方でやったらはずれるか」です。つまり「明日のやり方を変えるのか、変えないのか。変えるならどう変えるのか」――これだけの議論です。

神様でもない限り、明日をピタリと当てることなんかできません。仮に今日ははずれたって、他によいやり方を思いつかないなら、昨日と同じやり方でやるしかありません。そして後で述べるように、「今日はたまたまはずれただけ」と考えます。実は、この〝たまたま〟という発想が、予測では大切なのです。

どう考えても「当たらないから明日のことなんて考えない」というわけにはいきません。

そして絶妙な予想値（よくこんなことを当てたなあ）より、やり方がはっきりした、ごく普通の予測値（まあ普通に考えればこうなるんだろうな）をビジネスには使うべきです。

こういったビセキ的思考を用いた結論であったなら、少しの話し合いで皆が合意に至るはずです。この時、企業内では〝カンの鋭い人〟から〝ビセキ型の人〟へリーダーが移行することになります。これが先ほどのトヨタ、セブン‐イレブン・ジャパン、花王が起こした理系革命です（文系センスから理系センスへ、企業の発想が変わること）。

バラツキと〝たまたま〟

さて、イワシ店です。イワシがここ4日間で1日あたり11匹、9匹、8匹、12匹と売れたとします。1日平均何匹売れているでしょうか。

全部を足して4で割れば、10匹です。このお店がタイも売ったら4日間で6匹、14匹、15匹、5匹と売れました。この平均もやはり10匹です。でも何となくイワシとタイの売れ行きは同じではなく、〝バラツキの違い〟があることがわかると思います。

直感的には、タイの方が「売れ行きのバラツキが大きい」と感じます。このバラツキを何とか「見える化」、つまり数字にはっきりと表わしたいところです。

人類は何百年も前からこのテーマに取り組み、賢い人たちが人生を賭けていろいろな案を出して（大げさでなく本当です）、人間の直感とぴったり合ったバラツキの「見える化」に挑みました。そしてできたのが、標準偏差です。どこかで聞いたことはあるのではないでしょうか。実はあの入学試験などで使われる偏差値もこの標準偏差を使っています。

日本語で書くと少しややこしいものとなりますが、標準偏差とは、それぞれの数字が平均からどれ位離れているかを〝平均〟したものです。

イワシが11匹の日は平均10から1離れています。これが偏差です。12匹の日は平均から2離れています。この偏差を平均したものが標準偏差です。偏差、標準偏差が大きいほどバラツキが大きいことになります。

この偏差は先ほどの〝たまたま〟と同じ意味です。1日平均10匹売れている時（そして特に状況が変わっていない時）、今日12匹だからといって「何でなんだろう」と考えるのではなく、「平均10匹だけど、毎日きれいに10匹売れるわけではなく、今日はたまたま2匹多かった」と考えることです。

だからもし、「明日は10匹売れる」と平均値で予測して、12匹売れてしまい、「何で予測がはずれたんだ」と言われたら、「たまたま」と答えましょう。

タイはイワシより、この〝たまたま度〟、すなわちバラツキが大きいわけです。

バラツキの見える化

しかし、先ほどのイワシの売れ行きで、単純にこの偏差を足して4で割ると〝人間の直感のバラツキ〟と今ひとつ合いません。そこでなるべく直感と合うように、少しだけ工夫をしています。

「偏差を2乗してその平均を取り、その平方根（ルート）を取る」――これが標準偏差の定義です。2×2＝4のように「同じものを2回かけること」を2乗といいます。「何を2乗すると4になるか」を4の平方根といい、$\sqrt{4}$と書き、ルート4と読みます。$\sqrt{4}$は2になります。

もちろん、バラツキをこう考えなくてはならない理由や定理などありません。この標準偏差の式を使っていろいろなケースでバラツキを出し、人類全体でこのやり方に合意（これなら私のバラツキの感じに合う）しただけです。なのでぜひ皆さんも合意してください。合意してくれれば、この標準偏差の式なんて知る必要もなく、記憶力がよくて計算が得意なコンピューターがやってくれます。

ちなみに、先ほどのイワシの（11、9、8、12）の標準偏差は1.6、タイ（6、14、15、5）の

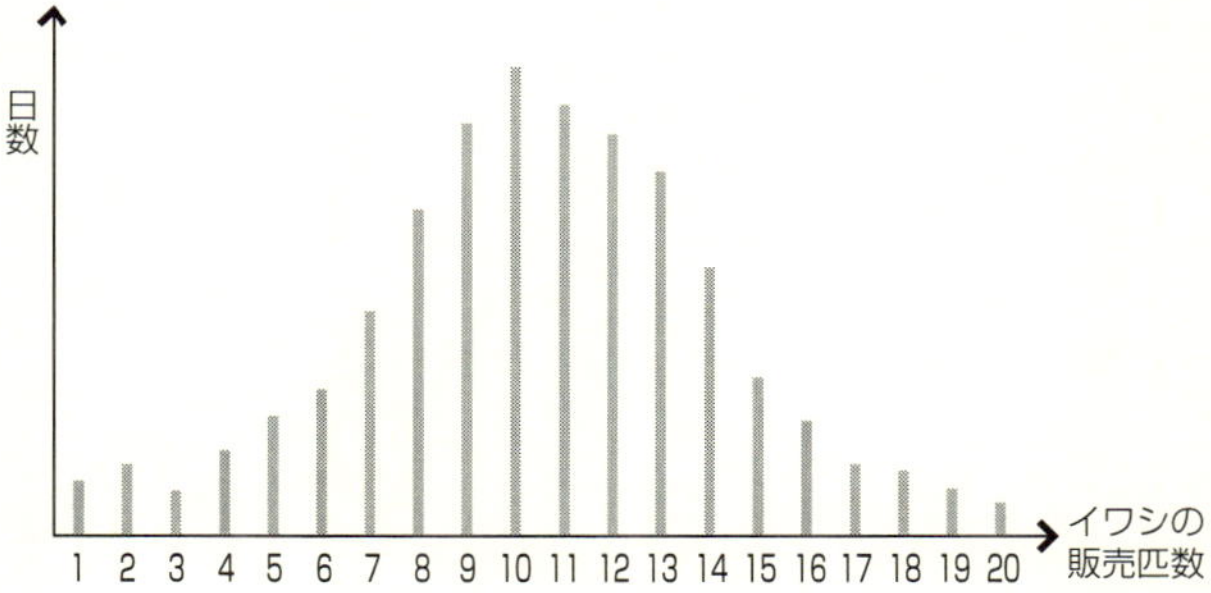

標準偏差は4.5となります。「タイの売れ行きのバラツキは、イワシのバラツキの約3倍」ということになります。この二組の数字から受けるバラツキの直感と合いますか？

すっきり山形で考える

次は40ページで話した〝山形〟の話です。そこでやった時と同じように、イワシの売れ行きをヒストグラムにしてみましょう（上図）。

もちろん４日間ではなく、もっと長い期間を取ります。１匹売れた日、２匹売れた日、３匹売れた日……がそれぞれ何日あったかを棒グラフに書くわけです。エクセルに数字を入れればすぐに書いてくれます。ついでに平均を計算してみるとやはり10で、標準偏差は1.6でした。

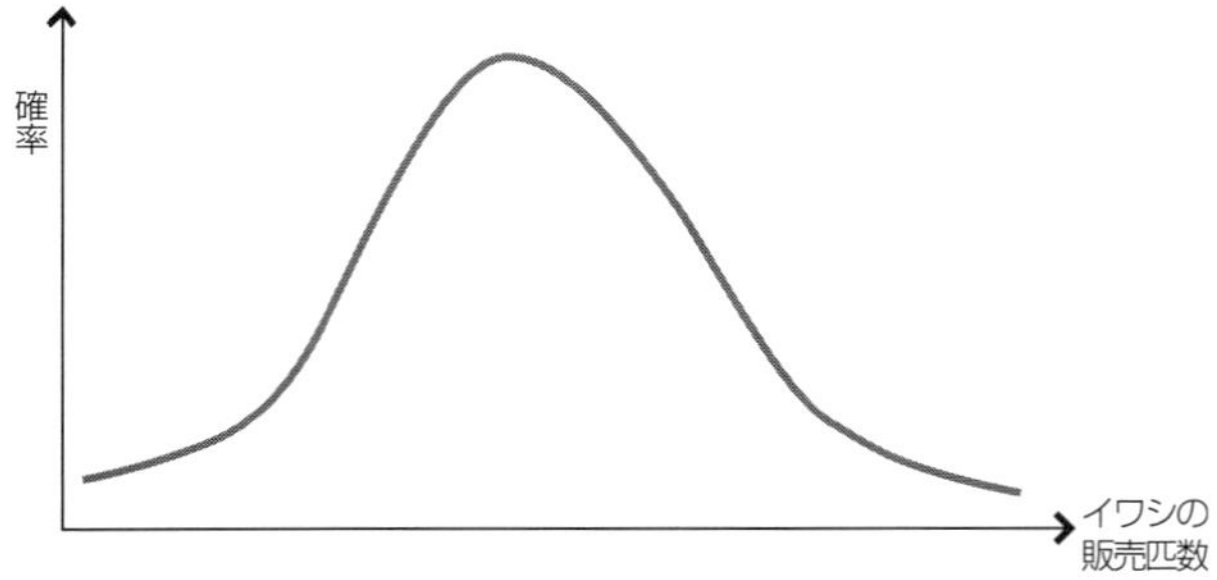

ところがこのままではデジタルですのでビセキが使えません。そこで40ページの小学生の身長でやったように頂点をつないで、少し滑らかにして曲線にします（上図）。

やはり山形の曲線となりました。この時、身長の時と同様にたて軸は確率（その販売匹数になる確率）となります。ちなみに山形は数学の本ではどういうわけか〝つり鐘形〟と書いています。除夜の鐘で見るつり鐘です。さらにこの山形の曲線が次の条件を満たすと、ビセキを在庫にうまく（簡単に、都合よく）適用できます。

①中心に行くほど高い……たて軸は確率ですので、「中心に行くほどその確率が高くなっていく」ということです。

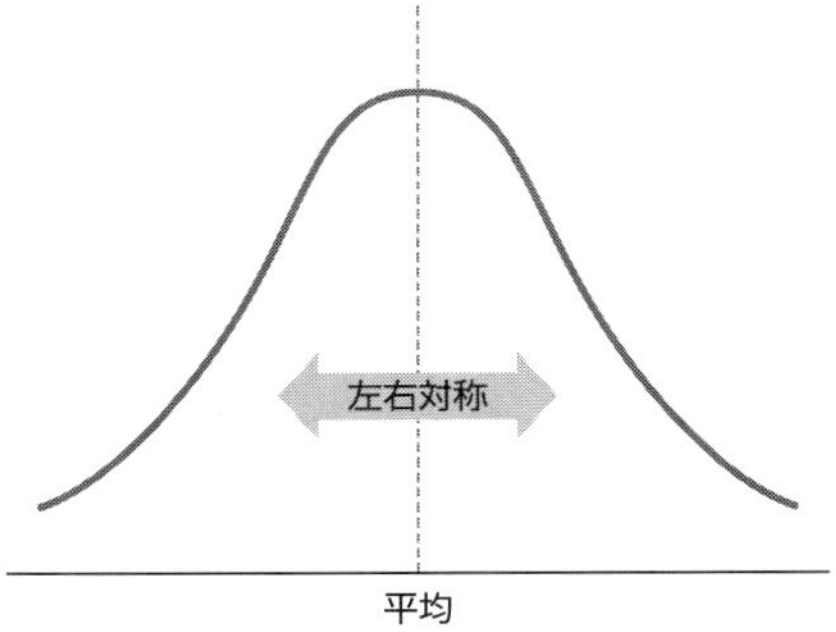

②平均値を中心として左右対称……「10匹売れる確率がもっとも高く、９匹売れる確率と11匹売れる確率は同じ」ということです。まあ平均が10匹なら許せないほど〝現実離れした仮定〟ではないと思います。

以上の条件を満たすと、上図のように、すっきりとした山形となります。この〝すっきり山形〟のことを〝正規分布〟といいます。

このイワシが１日に売れる量のように、「同じようなことがくり返し起きている現象」は、このような正規分布に近いものが多いといえます。というよりも、このくり返し現象でもっとも多いパターンを、単純化して正規分布として数学的モデル化（数式で表わす）したのです。

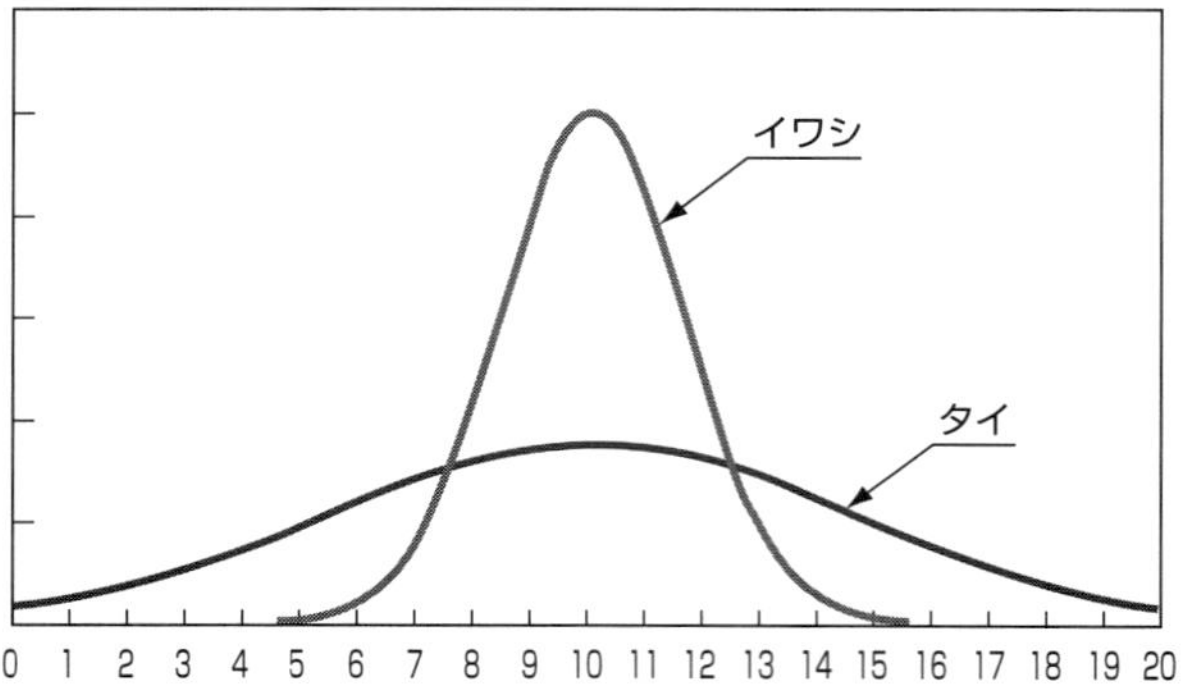

正規分布は数式が決まっているだけではなく、多くの人が使いこなしてきたので、いろいろな計算ツールがパソコンにも準備されており、まさにパソコンとの相性はバッチリです。

明日売れる量の予測を考える時は、すっきり山形を使えば（正規化）、先ほどの「予測のやり方」が1つですので、その理解が1回ですみ、まわりの人へその仮定や式を説明する必要もなく、コンピュータがすべて処理してくれます。

バラツキと山形の関係

〝すっきり山形〟（以降、「正規分布」をこう表現します）は、もちろんパソコンがグラフを書いてくれます。先ほどのイワシとタイで、このグラフをパソコンで書いてみたら、上図のように

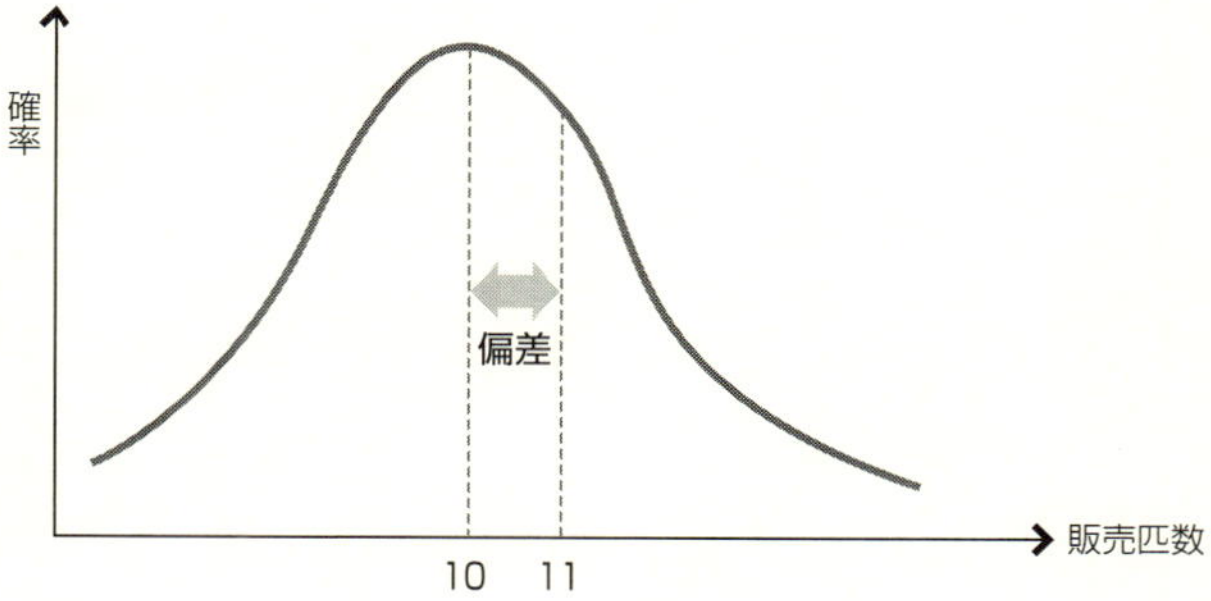

なりました。

イワシの山形とタイの山形を比べると、イワシの方が山が高く、タイの方が押しつぶれた感じになっています。これは10匹（平均）あたりの売れ行きとなる可能性は、イワシが高く、タイが低いことを意味します。

これをよく「イワシの方がコンスタントに売れる」といいます。イワシの方が「明日を読みやすい」ことも直感でわかると思います。

先ほどの標準偏差も〝すっきり山形〟で考えてみましょう（上図）。この偏差（11－10）の平均が標準偏差でした。

前ページのイワシ（標準偏差1.6）とタイ（標準偏差4.5）のグラフを見れば、標準偏差が小さいと「山が高くなる」（コンスタントに売れる）とい

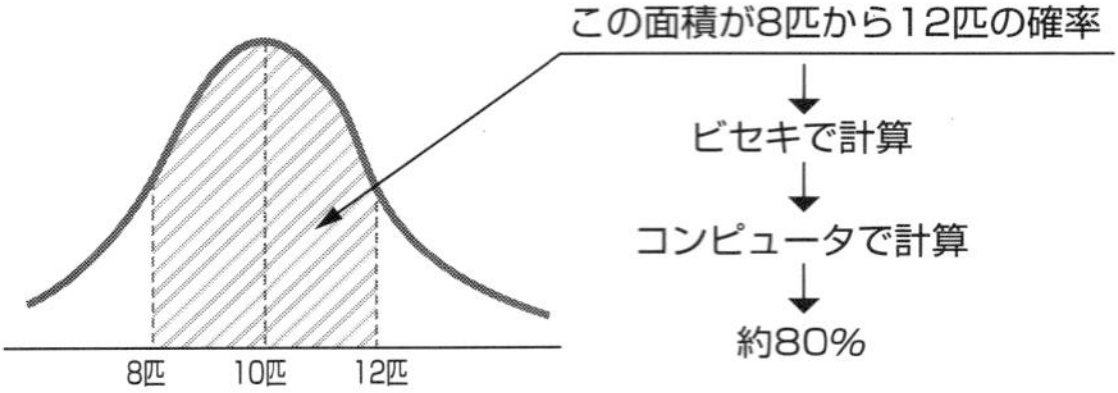

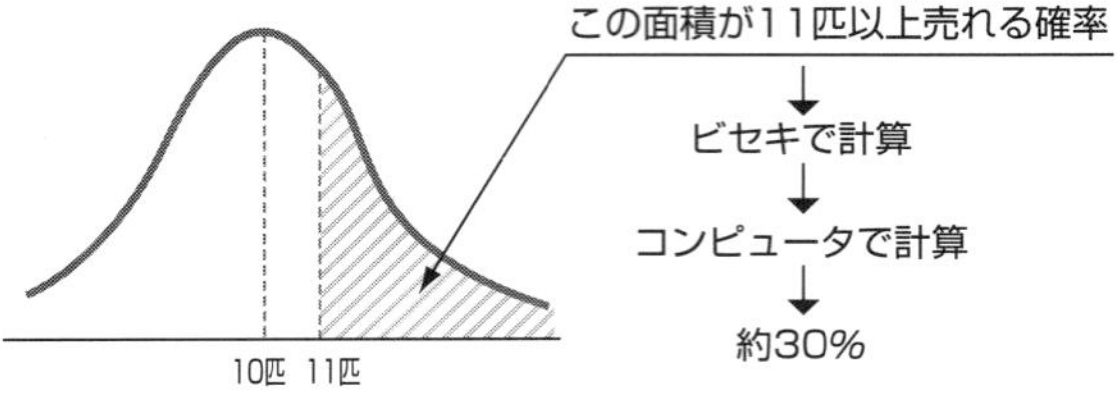

うことがよくわかると思います。

イワシに〝すっきり山形〟を使うと、ビセキの積分をパソコンがやってくれて便利です。積分することで面積がわかれば、それが確率になります。例えば、上図で示した確率について、エクセルに平均（イワシは10匹）、標準偏差（1.6）、範囲（8匹から12匹）を入れれば瞬時に計算してくれます。イワシが8匹から12匹の間の確率（上の上図の斜線の面積）は80％くらい、11匹以上売れる確率（上の下図の斜線の面積）は30％くらいとわかります。

さあ、いよいよ在庫量を決めよう

さあ、いよいよイワシ専門店はいくつ在庫を持てばよいかを決めましょう。イワシが「1日

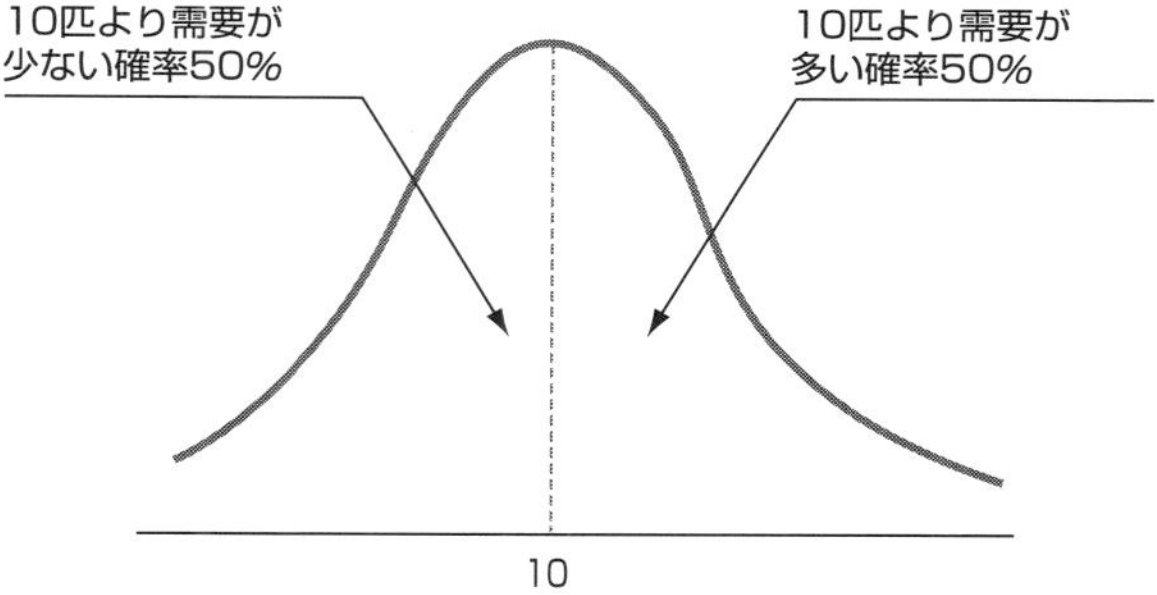

何匹売れるのか」を予測することです。

〝売れそうな量〟は、「顧客が求めるイワシの量」という意味で「需要」とよばれます。「需要」は「供給」の反意語で、経済学用語です。53～54ページで述べた経済学→経営学→マネジメントと流れてきたものです。

もちろん、過去のデータ（過去売れた量。平均10、標準偏差1.6）と、予測のやり方（すっきり山形）を使って、需要を予測し在庫量を決めます。もしこのイワシ店が需要の平均である10匹を予測値として在庫量とすると、どうなるでしょうか。

先ほど約束したように、この〝すっきり山形〟は左右対称です（上図）。そして面積が確率を表わしています。そう考えれば、イワシが

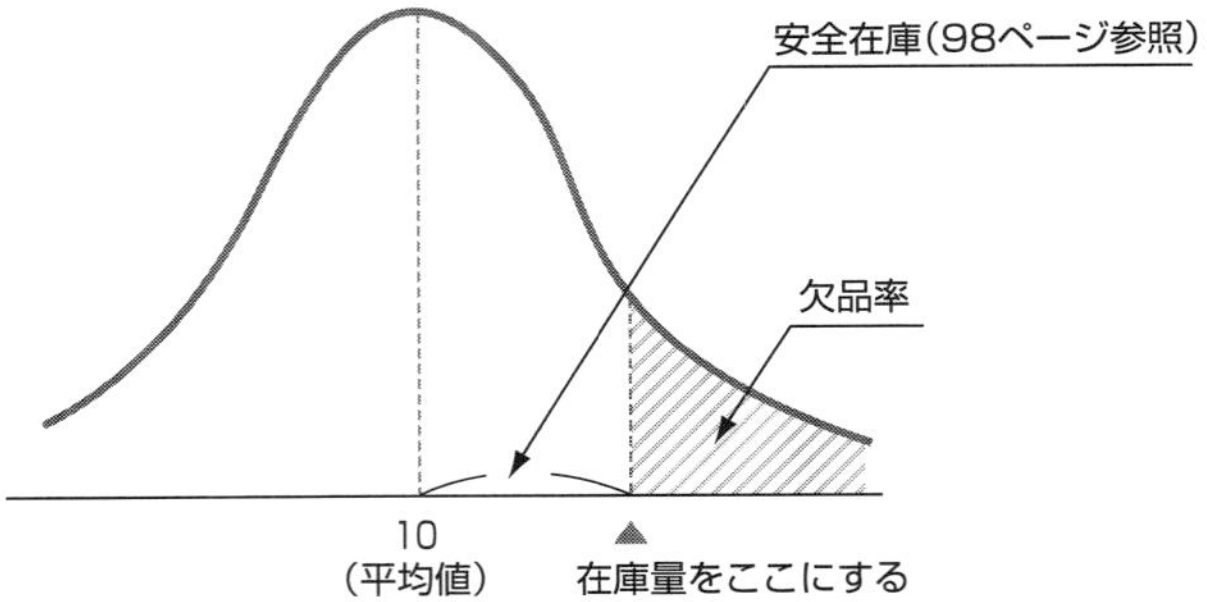

「10匹より多く売れる確率」は50％となり、2日に1回欠品（イワシが売り切れ）します。いくら何でもこれでは困るので、在庫量を増やしていきます（上図）。

在庫量を増やしていくと、右側の斜線部の面積が「需要＞在庫」の確率、つまり欠品する可能性となります。もう一度、89ページのヒストグラムを見てください。在庫を14匹にすると、14匹より右側に欠品となる日数（＝確率）があるでしょう。これを欠品率といいます。

この欠品率（斜線の部分の面積）は先ほど述べたように、ビセキによって、パソコンを使って計算できます。したがって、逆にパソコンを使えば、「欠品率を指定して、その在庫量を計算すること」もできることになります。例えば

「欠品率が20％となる在庫量」といったものです。

ちなみに、左側の白い部分の面積は「需要＜在庫」であり、「売れ残りが出る確率」となります。したがって欠品率を小さくすると売れ残りが増えます。

いっそのこと、「欠品をなくしてしまえばよい」とも思うのですが、残念ながら山形の曲線の両端は、永遠に下の線と〝くっつき〟ません。つまり欠品をなくすことはできません。誰かがイワシを突然２００匹買い占めにやって来る可能性もあるのです。

そうなると欠品をどれくらい許すか、つまり欠品率を、売る方で決めなくてはなりません。

多くの場合、欠品率は切れのよい所で10％、５％、１％といった数字を使います。

ただ、世の中の現象（イワシの売れ行き）が、数学が求める正確な正規分布ということはなく、ほとんどの場合で、現実より少し大きめに欠品率は出てきます。

したがって欠品率を10％に設定すると、本来は10回に１回の欠品ということですが、現実の世界では（正規化を一般化すると）「あまり欠品しない」、５％（20回に１回）にすると「めったに欠品しない」、１％（１００回に１回）では「欠品は許されない」といった感じになります。

イワシなら欠品率を「あまり欠品しない」10％にしましょう。欠品率10％にすると決めれば、〝すっきり山形〟の右側の面積を10％にする在庫量を求めればよいことになります。

在庫を、さらにつっこんで考える

ここから先はパソコンがすべて計算してくれるのですが、もう少しつっこんで考えてみましょう。がんばってついてきてください。

予測のプロ（セミプロくらいかな）はもう目の前です。

平均値と標準偏差がわかれば、10％の欠品を許す在庫量は、エクセルで計算できます。しかし、いちいちエクセルで複雑な計算をしなくても、〝安全係数〟というものを使えば単純な式で計算できます。

在庫量と安全係数は次のような式で表されます。

10％の欠品を許す在庫量＝［平均値］＋［安全係数×標準偏差］

⇧
これを安全在庫（96ページの図）という

この式から、平均値が0で標準偏差が1とするパターンで安全係数を考えると、10％の欠品率を許す在庫量＝安全係数となるのがわかると思います。このパターンを実際にエクセルで計算してみると、安全係数は1.3となります。また、安全係数は欠品率によって異なります。

右の式に、先ほど求めた平均値（10）、標準偏差（1.6）を入れます。

10％の欠品を許すイワシの在庫量＝10＋1.3×1.6≒10＋2＝12匹

「あまり欠品しない在庫量」は12匹で、このうち2匹が安全在庫です。〝安全〟というのは需要のバラツキを吸収するセーフティネットといった意味です。「毎日平均10個売れるけど、〝たまたま〟多く売れる時もあるので、2匹分を多めに買っておく」という感じです。一方、タイが平均値10、標準偏差4.5であれば、欠品率10％の在庫量は次のように計算できます。

10％の欠品を許すタイの在庫量＝10＋1.3×4.5≒10＋6＝16匹

平均は同じ（つまりトータルで売れている量が同じ）でも、タイはイワシよりも何と4匹も多くの在庫が必要となります。

標準偏差を小さくできれば在庫が減る

コンビニは、コンスタントに売れる商品を優先して店に置くといわれています。コンビニは大型スーパーなどと違って、狭い店に多くの商品を置かなくてはなりません。逆にいえば、コンビニは狭い店なのに品揃えを豊富にして、見事に勝ち抜きました。

コンスタントに売れる商品（標準偏差が小さい）は同じ日販量（1日平均して売れる量）でも在庫が少ない分、その商品を置くスペースが小さくてすみ、その空いたスペースに別の商品を置くことができます。こうして品揃えが豊富となります。

この〝標準偏差を小さくして在庫を減らす方法〟は、あちらこちらでよく使われます。

例えば食品スーパーなどで、「日曜日はよく売れるが月曜日は売れない」という具合に、曜日によって売れ行きが大きく異なる場合に、曜日を〝いっしょくた〟にして考えると標準偏差は大きくなり、必要な在庫量が増えます。一方、曜日別に需要を考え、平均値、標準偏差を別々に計算すれば、標準偏差（バラツキ）は小さくなります。

　月曜日と日曜日を一緒にしないで、月曜日だけの平均値を出せば、その標準偏差は小さくなることはわかると思います。こうすれば在庫を削減できます。

　あなたの会社だって、商品、製品、消耗品など、在庫は必ずあります。そしてこれを削減すれば必ず幸せがあります。「ムダ（欠品、売れ残り）、ムリ（欠品率）、ムラ（標準偏差）をなくして効率のよい経営を目指す」とは、こういうことをいっているのです。さっそく身の回りでチャレンジしてみましょう。

　私は仕事柄、数多くのビジネスマンに会ってきました。しかし、ここまで述べた〝在庫の考え方〟を理解している人は、全体の１％くらいしかいませんでした。ビセキで在庫管理を理解した皆さんは、１００人に１人の〝数字が読めるビジネスマン〟になったのです。

リードタイムをしのぐ

　せっかくここまで理解したので、在庫削減の応用編もビセキで考えてみましょう。

　在庫は、その発注スタイルで異なります。発注スタイルとは、在庫品の注文の仕方のことです。代表的な3つの発注スタイルについて考えてみましょう。

1つ目は、「発注点発注」とよばれるものです。これは最低在庫量（発注点）を決めておいて、在庫量がそれより小さくなったら一定量（発注ロットという）を発注するものです。

機械の組み立て工場で考えてみましょう。ここではあるタイプのネジを毎日大量に使用します。このネジは値段が安いこともあり、もっとも簡単な発注点発注をコンピュータでやっています。

ネジの仕入先とは、「1回あたりの発注ロットは2000本」「発注してから3日間で届く」という約束です。この3日間を調達リードタイムといいます。リードタイムとは、何かをしようと思ってから終わるまでの時間のことです。

もし注文してすぐにネジを持って来てくれるのなら、ネジがすべてなくなって、在庫がゼロになってから発注すればOKです。

しかし、実際には調達リードタイムがあるので、その間はネジが使えなくなってしまいます。そこで在庫が発注点より少なくなったら発注します。つまり発注点を決める際は、調達リードタイムである3日間のネジの使用量（需要）を考えればよいことになります。

この工場の1カ月間のネジの使用量を調べてみると、1日平均200本使っていました。そこで3日分の需要として600本を発注点とするとどうなるでしょうか。

もう大丈夫でしょう。96ページでやったように、これでは２日に１回欠品してしまいます。そこで標準偏差をエクセルで計算してみました。１日あたりの標準偏差は25でした。では、３日間の標準偏差はいくつになるでしょうか。

残念ながら、平均のように３倍ではありません。平均は１日２００本なら、３日間だと６００本になりますが、標準偏差は偏差を２乗して、これを平均してからルートを取っていますので、$\sqrt{3}$倍＝1.7倍くらいとなります（めんどうであれば「３倍よりは小さい」がわかっていただければＯＫです）。

ここで欠品率を10％（安全係数1.3）にすると、発注点は次のようになります。

発注点＝調達リードタイム（３日間）の「平均需要＋安全係数×標準偏差」
＝６００＋1.3×25×1.7≒６５５個

在庫削減はスピードとコンスタント

工場のネジの在庫は毎日、毎時変動しますが、平均すると、大体「（発注ロット＋発注点）÷２」となります。最大の在庫量は「発注ロット＋発注点」で、最小が０なので、間を取って2で割るのです。したがって、この工場でネジの在庫の削減をするためには、〝発注ロットを下げる〟か〝発注点を下げる〟かです。

発注ロットは1回の発注単位であり、仕入先との約束事（取引条件）ですが、これを小さくすれば在庫は減ります。しかし少し考えればわかる通り、こうすると発注回数は増え、ネジの仕入先は少しずつ何回も運ぶので、物流コストがアップしてしまいます。ここから先は第6章のコストダウンで考えましょう。

もう1つは、発注点を下げることです。発注点を下げるには、ムダ使いをせずに使う量を減らす（平均を下げる）のは当然のこととして、調達リードタイムを短くするか、1日あたりの標準偏差を小さくするかです。

調達リードタイムの短縮は、やはりネジの仕入先にがんばって早く持ってきてもらうことになります。しかし、こうしても今度は運ぶ回数は変わりません。スピードを上げて、急いで持ってきてもらうだけです。

仮に、調達リードタイムを3日から1日にすれば、先の発注点の式にある平均需要は3分の1、安全在庫（安全係数×標準偏差）は1.7分の1に圧縮されます。これがよくいわれる「スピードが在庫を削減する」ということであり、現代企業のキーワード「スピード経営」の原点です。

１日あたりの標準偏差のダウンは「使う量を毎日なるべく同じにしていけばよい」（＝コンスタントに使う）ことになります。それには、どの機械も同じネジを使うようにしてネジをなるべく標準化し、仕事を平準化してロスをなくすことです。

発注サイクルが決まっている時の発注量

２つ目の発注パターンは、発注サイクル（毎日、２日に１回、毎週月曜日など）を決めて、その〝発注する時点〟で需要を予測して、発注量を変えていくものです。

やはり先ほどの工場のネジで考えてみましょう。

１日の需要は平均２００本で標準偏差25です。ネジを毎週月曜日の朝に発注して、３日後の木曜日の朝に入ってくるものとします。つまり、発注サイクルは７日、調達リードタイムは３日になります。

今日は発注日、つまり月曜日の朝です。今日発注するネジの量で、来週の水曜日まで、何とかしのがなくてはなりません。なので今日から「７日＋３日＝10日分」の需要を考えなくてはなりません。需要は次のように計算され、２１００個となります。

10日分の需要（平均）＝200×10＝2000個

⇧

安全在庫（欠品率10％）＝安全係数×10日分の標準偏差＝1.3×25×$\sqrt{10}$≒100個

⇧

10日分の需要（欠品率10％）＝2100個

今回の発注量と今日月曜日の朝の在庫量（今持っているネジの量）で、この2100個という需要をしのぐので、月曜日の朝の在庫が500個なら、1600個発注すればよいことになります。つまり発注量は、次のような式となります。

発注量＝（発注サイクル＋調達リードタイム）の間の「平均需要量＋安全係数×標準偏差」－発注時点の在庫量

ここで在庫を削減するには、発注量を小さくすればよいこと（欠品率は変えないで）はわかると思います。つまり標準偏差を小さくするか、発注サイクル、調達リードタイムを短縮すればよいことになります。

標準偏差と調達リードタイムは、前の発注点発注の時と同じです。発注サイクルを短くすると発注回数が増えることになり、「発注点発注で発注ロットを小さくする時」と同じことになります。つまりここでもスピードとコンスタントが在庫削減の決め手となります。

スピードは皆の幸せ

最後にもう１つ、〝現代風の在庫〟を考えましょう。

商品を供給する側のいくつかの会社が「あたかも１つの会社」（同盟と表現することも多い）のようになってつながっていくことを、ＳＣＭ（サプライ・チェーン・マネジメント）といいます。

ＳＣＭにはいろいろなパターンがありますが、次ページの図に掲載したようなものが有名です。例えば、ＳＣＭを組む目的としてもっとも多いのが在庫削減です。在庫削減のＳＣＭ（次ページの図の下のパターン）を、ある缶コーヒーの例で考えてみましょう。

缶コーヒーの消費者の需要が１日平均１０００本、標準偏差が１００とします。メーカー

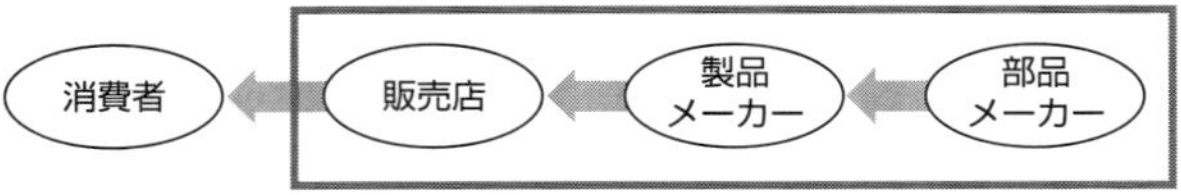

⇒この３社が１つの会社のようになる
⇒自動車、コンピュータなどで見られる
⇒カンバンともいう

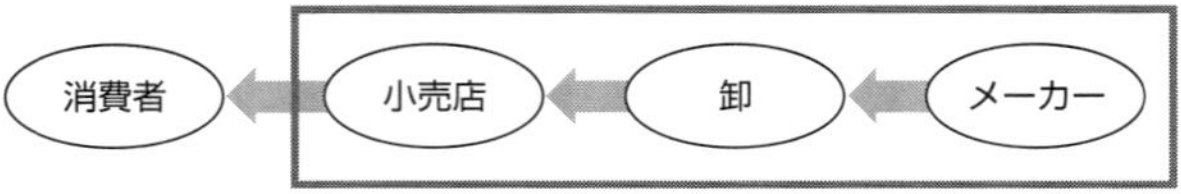

⇒この３社が１つの会社のようになる
⇒食品、雑貨、衣料などで見られる

は需要に合わせて1日平均1000本作っており、メーカーが製品を出荷してから、小売店に届くまで7日間（リードタイム）かかります。メーカー、卸、小売店には、それぞれ缶コーヒーの在庫があります。この三者の在庫の和を〝流通在庫〟といいます。

さて、この時、流通在庫は何本必要でしょうか。欠品率を10％で考えましょう。もうお茶の子さいさいでしょう。流通在庫は、リードタイム7日分の需要を考えればOKです。

流通在庫＝7（1週間）×1000（1日平均）＋1.3（安全係数）×$\sqrt{7}$×100（1日標準偏差）≒7343本

ざっと7300本くらいの流通在庫が必要です。さあ流通在庫を削減しましょう。

在庫削減はスピードとコンスタントです。まずはスピードを上げましょう。メーカー、卸、小売が協力して、すなわちＳＣＭとなって、物流などを効率化し、リードタイムを3日間に短縮しました。そうなると流通在庫は次のようになります。

流通在庫＝3×1000＋1.3×$\sqrt{3}$×100≒3225本

流通在庫は約３２００本で半分以下になりました。皆（メーカー、卸、小売）が協力してスピードを上げた結果であり、先ほどのように、仕入先メーカーにだけしわ寄せがいったのではありません。そして消費者も新鮮なものが手に入って幸せです。そう、このスピードは皆に幸せをもたらします。

ついでにコンスタントです。このメーカーでは何種類もの缶コーヒーを扱っていて、それらがカニバリしています。「カニバリ」とはカニバリゼーションの略で、自社の製品同士が顧客を奪いあう共食いを意味します。

このメーカーで品種を減らせば、全体としての標準偏差は下がります。

例えば、カニバリしているＡ、Ｂの缶コーヒーがまるっきり同じ平均、標準偏差だとします。ここでメーカーがBをやめてAだけにすると、平均はAの2倍で前と変わりませんが（A＋BがA×2に）、標準偏差は$\sqrt{2}$倍（1.4倍）となって、2倍より小さくなります。だからA、B2つある種類を1つにすると標準偏差が下がり、安全在庫は減ります。つまり売上が変わらなくても在庫は削減されます。

小売店でも考えてみましょう。消費者は毎日コンスタントに飲んでいる人が多いのに、小売店が特売などをやって、〝まとめ売り〟（消費者から見ると〝まとめ買い〟）をねらうと、標準偏差は大きくなります。毎日1本ずつ売れればよいのに、特売で突然10本まとめて価格を下げて売れば、バラツキは大きくなります。したがって特売をやめて、毎日同じ価格で1本ずつ売れれば在庫は減ります。

これがアメリカ小売業ウォルマートの考えた「エブリディ・ロープライス」、バーゲンや特売はやらず〝毎日安売り〟という戦略です。ウォルマートはこれによって売上世界一にまで上りつめ、世界の小売業界に理系革命を起こしました。

くり返しますが、在庫はすべてスピードとコンスタントで削減できるのです。

コラム④ 「統計学的に言って」と言ってみたい

数学の中でも〝統計〟というのはビジネスにもっとも近い分野です。統計は、「わかっているデータを使って、わからないデータを推定する」というものです。

例えば37ページの小学生の身長の例で考えてみましょう。全国の小学生全員の平均身長を知りたいのですが、わかりません。調査するのに膨大なコストがかかります。そこで38ページのように小学生１００名を選んで平均身長を出したところ１４４㎝になりました。この１４４㎝を全国の小学生の平均身長と考える（「推定する」という表現をします）というのが統計です。

この時、〝知りたい数字〟である〝全国の小学生の身長〟を「同じ性質を持った集まりの全体」という意味で、「母集団」といいます。そして、１００人の小学生を「標本」（サンプル）、母集団から標本を選ぶことを「サンプリング」といいます。知らず知らずのうちに、ビジネスでもこれらの言葉を使っていると思います。

ある企業が未来の売上データを知りたいとします。もちろんわかりません。そこで過去の売上データも未来の売上データも同じ傾向であり、同じ母集団に入っていると考えます。そしてこの母集団から過去のデータをサンプリングして、その平均値などで「未来を推定する」というのが予測です。そうです。本書で述べた予測のやり方を統計というのです。

統計には、この推定の裏返しの分野として、〝検定〟というものがあります。なかなか数学チックです。数学になじみのない人には論理性が強烈すぎて、かえってミステリアスな世界かもしれません。

例えば、あるメーカーで「自社商品に『おまけシール』を付けて、これを集めると景品がもらえる」というプロモーションを考えていたとします。社内の意見が2つに分かれました。「付ければ売上が上がる」「付けたって売上は変わらない」です。そこで試しに、ある店舗だけでおまけシールを付けてみて、売上が上がるかを確かめてみました。

おまけシールを付けて1カ月間（30日）、おまけシールなしで1カ月間（30日）売ってみて、毎日の販売個数を調べてみました。付けると20、24、18、26、22、21、17……となり、1日平均22個売れました。一方、付けないと19、23、20、17、16、21……となり、1日平均20個でした。

おまけ推進派は「ほら10％も伸びた」と言い、おまけ否定派は「偶然じゃないの。おまけ付けても17個の日もあるし、付けなくても23個売れている日もある」と言い返します。しかしこれでは議論が収束しません。そこで統計（検定）の出番です。

ややこしいので、よく読んでください。

・「おまけシールを付けても効果はない」と仮定してみる（これが仮説）。
・付けても付けなくても変わらないのだから、この30個ずつの2組の数字（各1カ月分）は同じ母集団（毎日の販売個数）からサンプリングされたと考えられる。
・同じ母集団から2回に分けて30個ずつ標本をサンプリングして、このような結果（付けた1カ月、付けない1カ月の販売個数）になる確率を数学的に出す。
・この確率が一定数値（例えば5％）以下の時はこう考える。「こんなめったに起きないことが偶然起きたと考えるのは無理がある。これは最初に考えた『効果がない』という仮説がおかしいからだ。だから『効果がある』と考える方が普通だ」。
・一方、この確率が一定数値以上ならこう考える。「こんなことは起きてもおかしくないので、『効果がない』という仮説がおかしいとはいえない。つまり『効果がない』と考える方が普通だ」。

こうすれば、効果があるのかないのか、議論に決着がつきます。

この決着をつけることを検定といいます。そして〝効果がある〟時には、こんなふうに言いましょう。「統計学的に言って、おまけシールには効果がある」と。それは正確にいえば、「人類の中でもっとも賢い人たちが出した検定という考え方を用いれば、『効果がない』という仮説は、このデータからは否定すべきといえる」というものです。

「……?」という人もいるかもしれません。でもちょっと待ってください。ここから逃げていて、先ほどの議論はまとまるのでしょうか。他にもっとよい決着方法があるのでしょうか。ないと思います。人類は未だかつてこれ以外の方法を思いついていません。

もし考えついたなら、ノーベル賞ものです。要するに、この〝検定〟という考え方を「使う」か、「大声で自説を主張する」（屁理屈をつけて自論を押し通す）か、「逃げる」（うやむやにする）かです。皆さんだったらどれを選びますか。

ちなみに先ほどの確率計算は、数字（販売個数）さえ入力すれば、エクセルがほんの数秒で答えを出してくれます。

第4章　微分・積分マーケティング

ビセキを拒否するマーケティングの世界

今度は、マーケティングをビセキ的思考でとらえてみましょう。

マーケティングとは、マーケットについて考えることをいいます。

マーケットとは、売る人、買う人がたくさん集まって、そこで商品を売買する〝市場〟のようなイメージのものです。もっとはっきりいえば、企業で考えるマーケティングは、〝売るための努力〟と定義してもよいと思います。

ビジネス分野では、生産、ＩＴがバリバリの理系、経理が数字を使う中途半端な文系、マーケティング（セールスもこの一部）はバリバリの文系です。

マーケティングのプロフェッショナルのことをマーケターとよびます。マーケターのイメージは、文系特有のヒラメキ、センス（ともに科学的説明が難しい）があり、感性、フィーリングを大切にする人たちです。ヒゲをはやした広告マンといったギョーカイ人的な像が浮かびます。

彼らの共通点は、カン、ヒラメキが強すぎて、〝結果以外の数字〟はほとんど使わないことです。プロセスよりも結果であり、プロセスを大切にする数学からは、もっとも離れた人というイメージがあります。

「微分・積分に代表される数学なんて学者と学生のお遊びだろう。そんなんでメシが食えるか。だいたい、方程式なんかでビジネスが決まったら仕事なんておもしろくない。買う人の気持ちが数学で証明できるか！」――これが本音でしょう。

こうしてマーケティングの世界では、頑《かたく》なに数学が、さらには数学的発想（論理性）さえも排除され、少しでもそんなことが話題にあがると、「机上《きじょう》で考えたってダメだ。答えは現場にある。売れてナンボだろう。能書き言う前に体で示せ！」――このように大きな声で言われてしまいます。

しかし逆に考えれば、マーケティングは数学の象徴であるビセキにとって、まさに宝の山です。「よくここまで、人類の知恵である数学を使わずにやってきたな」と思います。ちょっとビセキを使えば、マーケティングが大好きな「差別化」（ヒトとは違うことをやる）ができます。

さあ、マーケティングに、軽くビセキのメスを入れましょう。

商品ライフサイクル、4つの時期

マーケティングの原点というべき〝商品ライフサイクル〟から考えてみましょう。

多くの商品は、マーケットでの売上をたて軸、時間（その商品が生まれてから死ぬまで）を横軸に取ると、次ページの図のような曲線（商品ライフサイクル曲線という）となります。マーケティング的にいえば「商品がマーケットに導入され、買い手に認知され、購入がくり返されることで次第にマーケットは飽和し、代替品の誕生とともにマーケットから消える」という〝商品の一生＝商品ライフサイクル〟です。いかがでしょうか。次ページの図のような曲線を見たら、「ビセキが使えそう」と感じる人も増えてきたのではないでしょうか。

商品ライフサイクルは、次の4つの時期に分けるのが普通です。ちょうど人間の一生を幼児期、青年期、中年期、老年期に分けるのと似ています。

①導入期：商品認知（この商品があることを〝買うべき人〟が知ること）がなされておらず、マーケットでの売上の伸びが小さい時期

②成長期：商品認知がなされ、売上の伸びが大きくなる時期

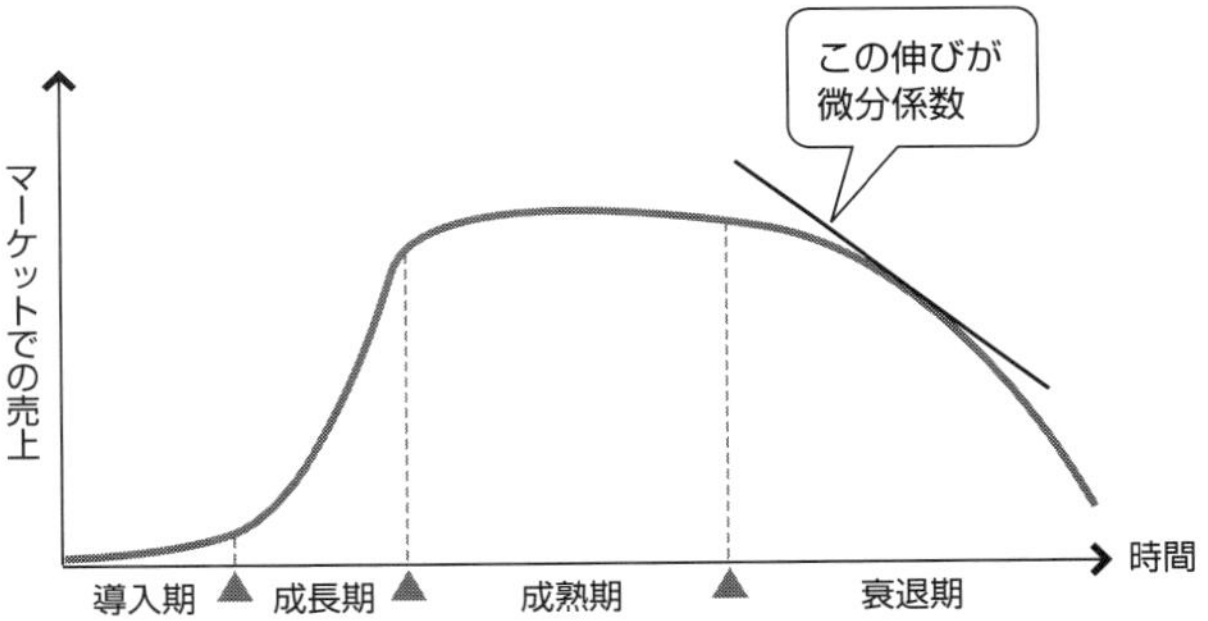

③成熟期：需要が安定し、売上の伸びが止まる時期（マーケットの飽和と表現される）
④衰退期：別の新商品の登場などで、売上の伸びが落ちてくる時期

この4つの時期は伸びというキーワードによって分けられていることに気づくと思います。そうです。伸びといえば微分係数です。

4つの時期は、マーケット全体の売上を表わす〝商品ライフサイクル曲線〟の〝微分係数〟によって分けられています。

この曲線の微分係数は、導入期は小さなプラス、成長期は大きなプラス、成熟期はゼロ（したがってマーケットでの売上は最大値）、衰退期はマイナスです。

変化点をさがせ

マーケティング戦略を考える時、導入期から成長期、成長期から成熟期、成熟期から衰退期への変化点が大切となります。

導入期から成長期へ切り替わるタイミングに気づかないと、波に乗って売るチャンスを逃します。「まだそんなには売れないだろう」。

成長期から成熟期へ変わっていることを知らないと、過剰投資で会社の経営をおかしくします。「まだまだ伸びるだろうから、もっともっとプロモーションで勝負してカネをかけて……。あれ伸びない」。

成熟期から衰退期に変わっていることに気づかないで何の手も打たないと、いつかはリストラ（余剰人員の整理、オフィス縮小、工場の閉鎖……）という非常事態を迎えることになります。

時間はアナログで連続しています。そのため、人間はどうしても昨日と明日は同じ状態だと考えてしまい、その変化に気づくのが遅くなります。デルタな（ごく小さな）時間の動きを見逃さないことです。毎日、毎日、ただひたすらがんばって、1年が経ち「あれ、今年はあんなにがんばったのに伸びてないのか。来年こそがんばろう」ではなく、毎日（デルタ）毎日、ちょっと横軸（時間）が右へ行ったら（1日経ったら）、伸び（微分係数）がどう変化したかをずっと追いかけていくことです。

そしてその伸びの変化傾向を見逃さないことです。これが「トレンドに敏感になる」ということであり、〝ビセキマーケター〟の姿です。カンとセンスを生かして流行に敏感になることとは一線を画すものです。もちろん、カンもセンスもマーケティングには大切ですが、そこに〝ビセキ的思考〟を取り入れれば鬼に金棒です。

シリコンサイクルの微分係数

少し前まで、コンピュータの部品である半導体には、シリコンサイクルとよばれる独特のマーケット現象がありました。シリコンとは半導体の原料のことであり、半導体のマーケットでの売上が4年単位で122ページの図のような上下をくり返していくというものです。

4年に1度ピークがあり、「ぐっと来て、ぐっと下がる」というものです。新聞をしょっちゅうにぎわす〝景気〟などもこのようなタイプの曲線です。

これを微分係数で見れば、「急激なプラスからプラスが次第に小さくなり」→「ゼロ」（最

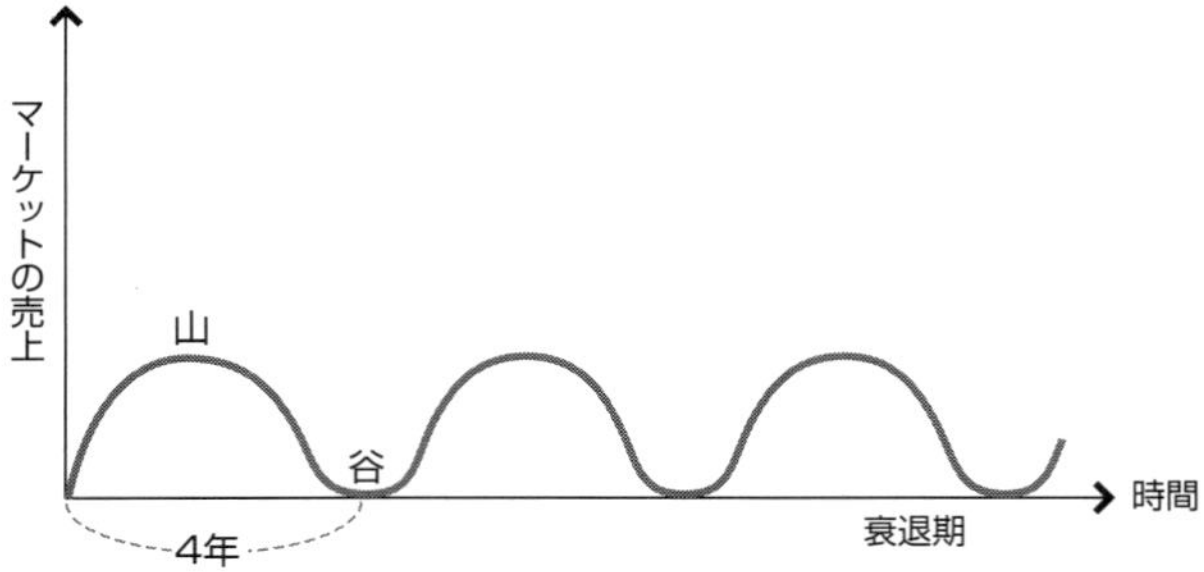

大値：山）→「小さなマイナスから急激なマイナスとなり」→「ゼロ」（最小値：谷）→「プラス」→「ゼロ」……という周期です。

先ほどの一般的な商品ライフサイクルに比べると、導入期および成熟期にあたる期間がほとんどなく、成長期と衰退期をくり返していくというのが特徴です。

経営、マーケティングから見ると、なかなか難しいタイプの商品です。先ほどいった〝時間の連続性〟から〝山の時期〟を誤って過剰投資したり、〝谷の時期〟を見誤って出遅れるといったことがあちこちで起こり、サクセス、悲劇の分かれ目となりました。

ここでサクセスしたのは、従来型商品のようにカンとセンスで勝負をするマーケターを擁《よう》す

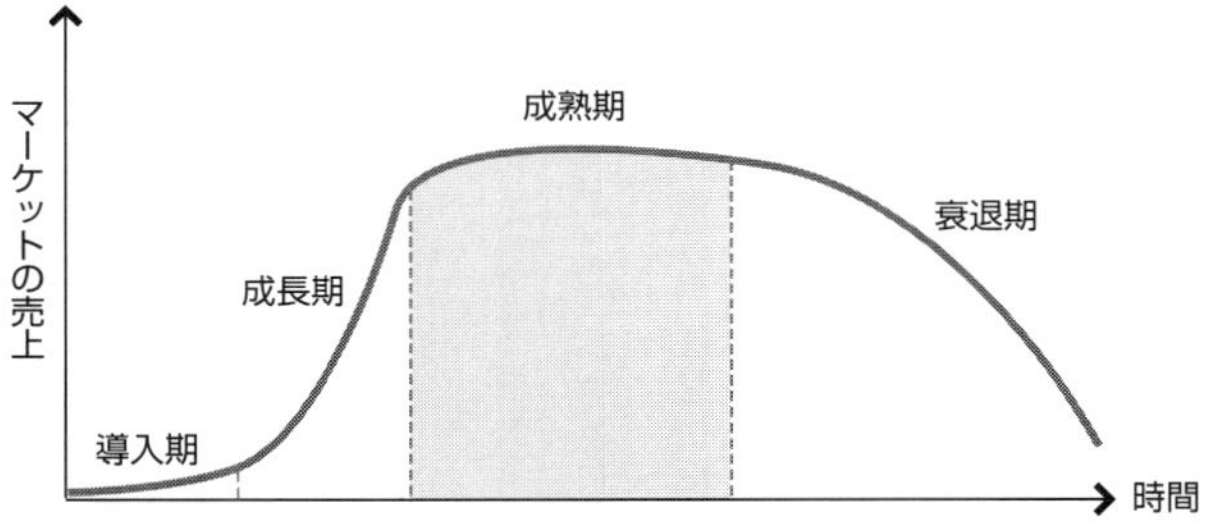

る、おしゃれな宣伝上手のメーカーではなく、数字をもとに判断を下す、いわゆるお堅いメーカーでした。彼らはビセキ的思考で時間を小さく小さく取り、マーケットの売上の微分係数を毎日追いかけていました。

つまり、マーケットを微分したメーカーが成功したということです。

売上を面積で見ると

ついでに先ほどの一般的な商品ライフサイクルを、積分でも考えてみましょう。この曲線を積分すると、曲線と横軸の間の面積となります（上図）。ここまではもうＯＫですよね。

ではこの面積は何を表わしているのでしょうか。成熟期の面積（図中の網掛け部）で考えてみましょう。この成熟期の部分が、大体長方形だとすると（正規化、単純化！）、その面積は「たて（売上）×横（時間）」です。そうです。この面積は、成熟期の間を通した「この商品の総売上」です。

各時期を見てみましょう。導入期、成長期、衰退期は大体三角形です。三角形の面積は「底辺（時間）×高さ（売上の最大値）÷2」です。つまり、その期間の〃最大の売上〃が同じでも、成熟期の半分です。そして、売上の最大値が極めて小さい導入期の面積が、極めて小さいことがわかります。

こうやってグラフにして積分してみると、成熟期の面積（売上）が、かなりのウエイトを占めていることがわかります。販売の現場で考えると売上の伸びが止まっているので、あまり大きく感じないかもしれません。しかしこうしてみると、この成熟期の時間を長くしていくことの大切さがよくわかると思います。

また、衰退期も意外と面積（売上）が大きいことに気づきます。「日が経って売上が落ちても、企業への貢献度は高い」ことがわかります。

日々の数字を追いかけるマーケットの微分とは反対に、マーケットを遠くから見て商品ライフサイクルを積分してみると、マーケットのパイ（あとで出てきますが、需要のことをマーケティングではこういいます）の大きさがよくわかり、その結果、どういう手を打つべきかが見えてきます。

ビセキ型ビジネスマンなら、商品ライフサイクルをパソコンでグラフにして（つまり式で表わして）、これを微分したり積分したりしてみたいものです。

そこで次はこの〝式で表わす〟ことを考えてみましょう。

伸びを調べる

マーケティングでは、昨日の結果を分析して、明日を予測することが大切なのは合意できると思います。商品ライフサイクル曲線も、商品が死んでしまってからわかったのでは何の意味もありません。昨日のデータで明日を予測し、これから先の曲線の行方を考えていかなくてはなりません。

そうです。予測といえば、予算や在庫管理でやったようにビセキです。先ほどの商品ライフサイクル曲線を見てください。微分係数がほぼゼロ（伸びがゼロ）の成熟期の予測はそれほど難しくないと思います。そのポイントは、どれ位〝ブレるか〟ということです。前に出てきた標準偏差ですね。これに使うのが、前章でやった安全在庫の考え方です。

しかし、導入期、成長期、衰退期では、昨日と明日はどう見ても違う状況になります。ブレだけではなく、〝伸び〟（微分係数）を意識しなくてはなりません。

導入期、成長期では、昨日より明日の方が売上が伸びますが（微分係数がプラス）、衰退期は売上が落ちています（微分係数がマイナス）。明日を予測するには、昨日にこれを加味しなくてはなりません。つまり、微分係数（伸び）を予測する必要があります。これができれば、先ほど表わしたいと思った式も出ることになります。

あるメーカーで2年前に発売した商品について考えてみましょう。この商品は発売以来、売上が少しずつ伸びています。

ここで大切なことは、何度も言うようですが〝デルタ〟です。つまり〝小さく区切って見る〟ということです。毎日何個売れているかがデータとしてあるなら、それを使いましょう。データ量はかなりのものになりますが、心配しなくてもパソコンがあります。本書では紙面の都合上、月単位のデータで考えてみます。

まずは、発売以来24カ月の販売個数を、エクセルなどに入れてみます（次ページの図・上側）。これを、例によって販売個数（これが知りたい）をたて軸に、時間（これが変わる）を横軸にプロット（点を打つ、作図する）してみます。次ページの図・下側がそれです。エクセル

	販売個数
1カ月	140
2カ月	242
3カ月	258
4カ月	286
5カ月	256
6カ月	296
7カ月	402
8カ月	373
9カ月	424
10カ月	411
11カ月	376
12カ月	408
13カ月	424
14カ月	462
15カ月	458
16カ月	484
17カ月	468
18カ月	494
19カ月	482
20カ月	508
21カ月	509
22カ月	544
23カ月	576
24カ月	594

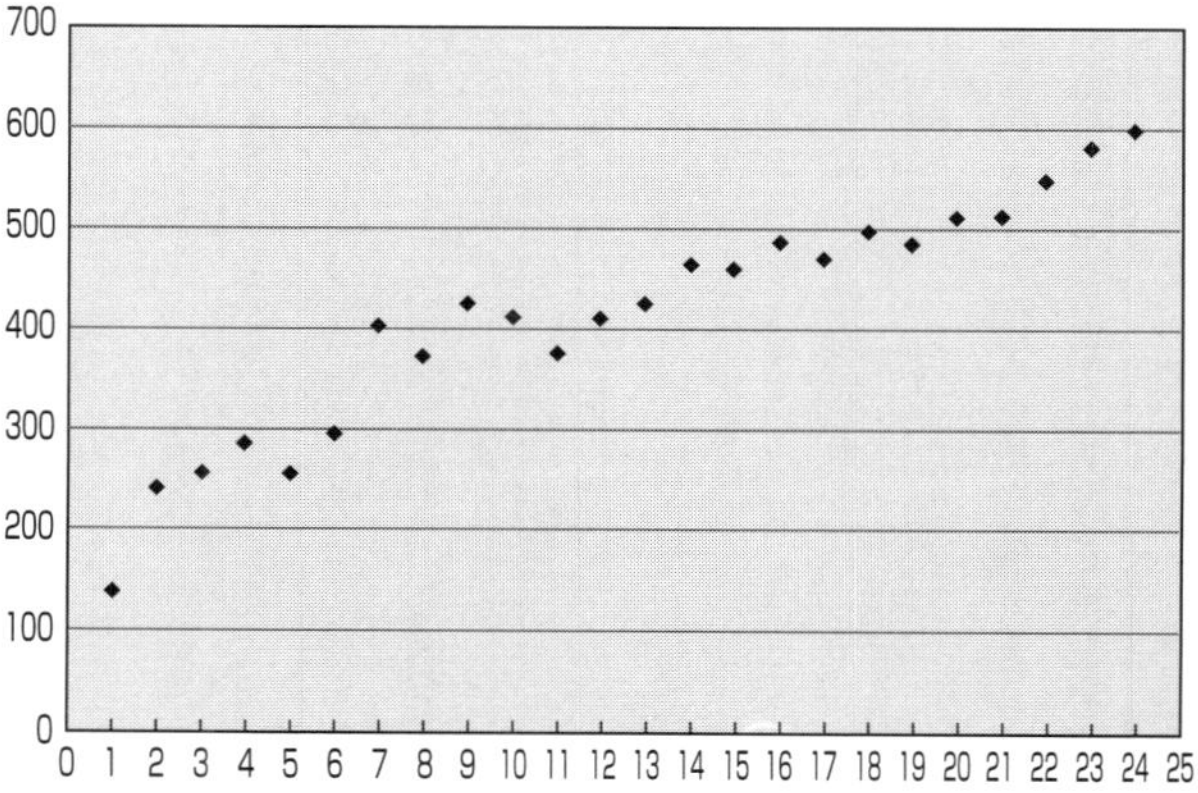

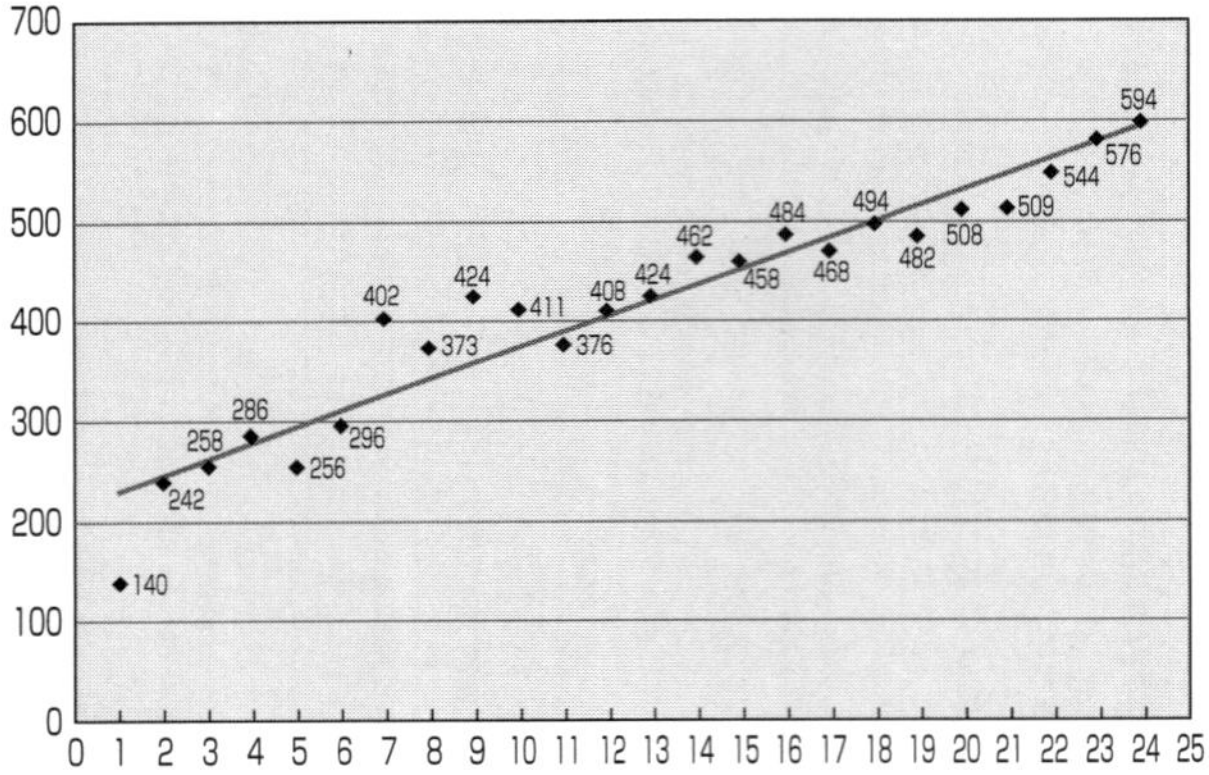

などの表計算ソフトでは「散布図」と表現されています。

さて、このグラフを〝少し離れて〟見ると、上図のような直線が見えると思います。

もう一度119ページの商品ライフサイクル曲線を見てください。この曲線は４つの時期（導入期、成長期、成熟期、衰退期）に分ければ、それぞれの線は〝直線〟、すなわち伸びが一定と見ることもできます。

直線を引いて売上を予測する

でもビセキ型ビジネスマンとしては、この直線を目分量でエイヤと引くのは、気が進みません。目分量で引いては、人によって異なる線となります。そうなると、「伸びていく」と思いた

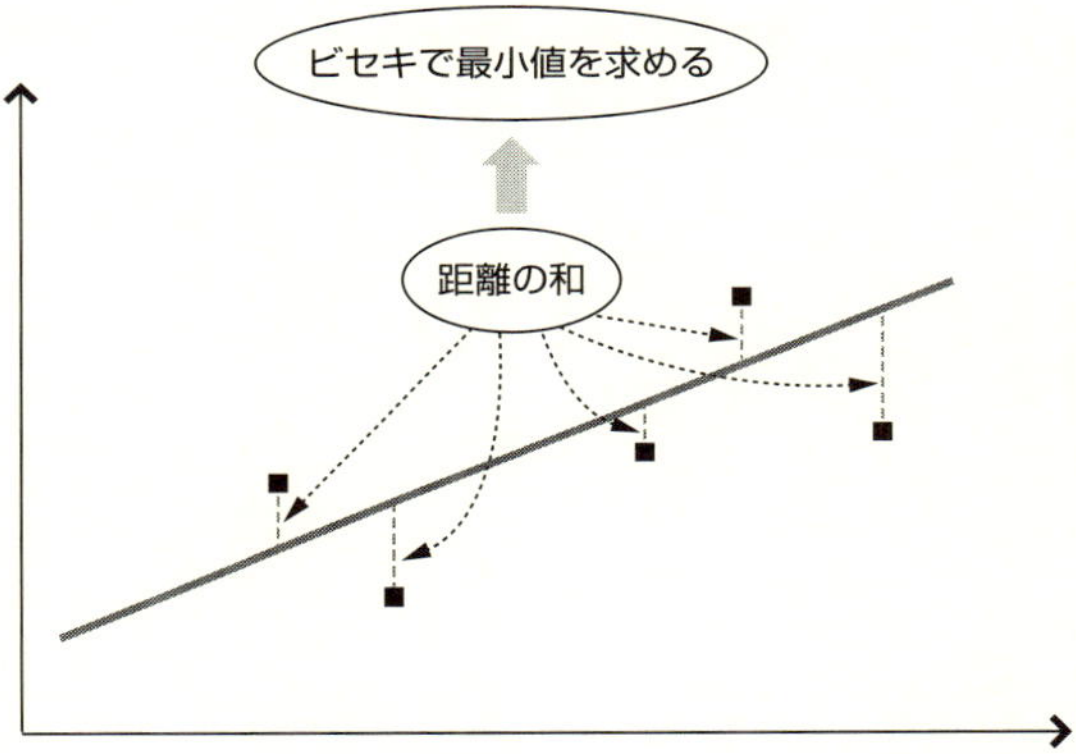

い人は、直線の伸びを大きめにしがちです。何とかビセキらしく、誰からもぐうの音も出ないようなやり方で直線を引いてみたいものです。

こんな時は先人の知恵に学べ、です。昔の賢い人は上図のように考えて、まわりの人を納得させました。

「仮に直線が引けたとして、プロットした各点とその直線との距離を出し、この距離の和がもっとも小さい直線を引く」ということです。これに納得できない人には、「では、どう引けばいいのか」と聞けば、反論できないはずです。

しかし細かいことをいえば、このまま普通に点から線までの距離を出すと、融通が利かないコンピュータでは、どうしてもプラス（点が線の上）とマイナス（点が線の下）が出てしまいます。

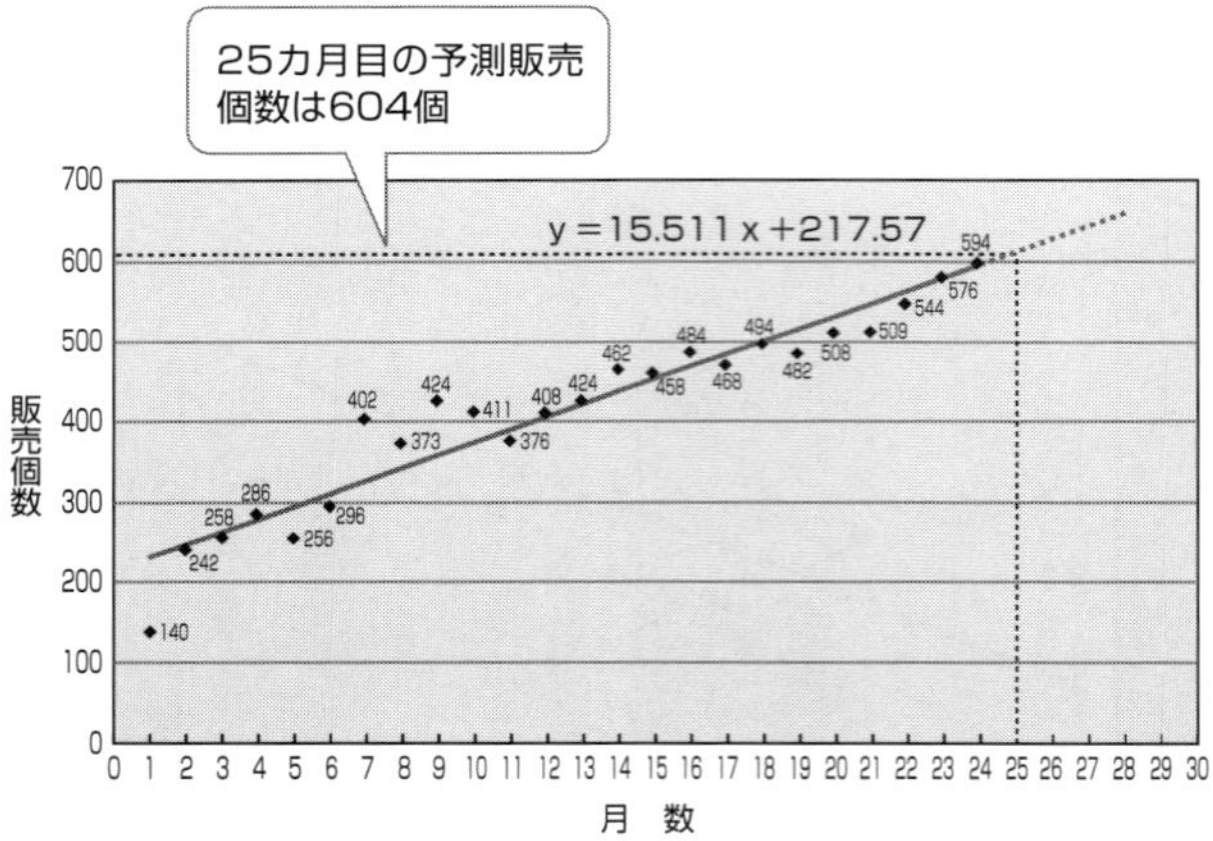

そこでひとひねりして、「距離を出したら、それを2乗して（距離が3なら、3×3＝9にする。-3×-3も9）すべてプラスにして、その和を求めて最小にする」と考えました。だからこのやり方を最小2乗法といいます。

最小値を出すには、微分係数がゼロの点を見つけることでした。もちろんこれはコンピュータがやってくれます。ここまでやり方を決めれば、上図のようにパソコンがビセキをやって直線を引いてくれます。

この直線と点の関係をじっくり見ましょう。どこを見るのかといえば、「点の動き」と「直線の伸び」が一致しているかということです。

1カ月目から6カ月目くらいまでが「やや違う動き」と考えれば、ここが導入期、7カ月目以降を成長期と考えます。この時は「1～6カ月目のデータ」と「7～24カ月目のデータ」を分けてプロットし、それぞれ直線を引くようにします。

「いや過去の類似商品の動きから見て、1カ月目から24カ月目まで同じような〝伸び〟（微分係数）であり、まだ導入期にある」と考えれば、このままこの直線を使います。

ここでは、まだ導入期と考え、このままこの直線を使うことにします。

このグラフをエクセルなどで引くと、図の上部にある〝式〟もあわせて出てきます。これが〝たて軸と横軸の関係〟を表わした式であり、求めていたグラフを書くための式（よく考えるとグラフを書いてから式を作ったのですが）です。

この式（あまり細かい数字は意味がないのでカットします）は次のようにたて軸（販売個数）と横軸（発売してからの月数）の関係を表わしています。つまり発売してからの月数によって販売個数が予測できることになります。

販売個数（たて軸）＝15.5×発売してからの月数＋217

25カ月目以降も、まだしばらく導入期と考えるなら、25カ月目は604個、26カ月目は6

20個、27カ月目は635個と予測できます。

このようにして予測していく手法を回帰分析、この直線を回帰直線、このようにして出した式を回帰式といいます。

ビセキ的ビジネスマンの言葉の使い方としては「まだ導入期が続くと仮定して、24カ月間の販売個数から回帰して考えると、来月は604個と予測できる」なんてことになります。なかなかいいカンジでしょう。

販売価格は微分で決めろ

次は、販売価格について、ビセキ的思考で考えてみましょう。

マーケティングでは、価格弾力性という言葉がよく使われます。これは価格の変化によって〝他の数字がどう変わるか〟（これが弾力）を見るもので、需要の価格弾力性というのがもっとも有名です。価格を上げたり下げたりすると、需要（販売量）がどう変わるかを考えるものです。

マーケティングでは、この手の数字の出し方は極めてアバウトで、「需要の変化÷価格の変化」などと書いてあります。やってみればわかりますが、これでは答えがいくつも出てき

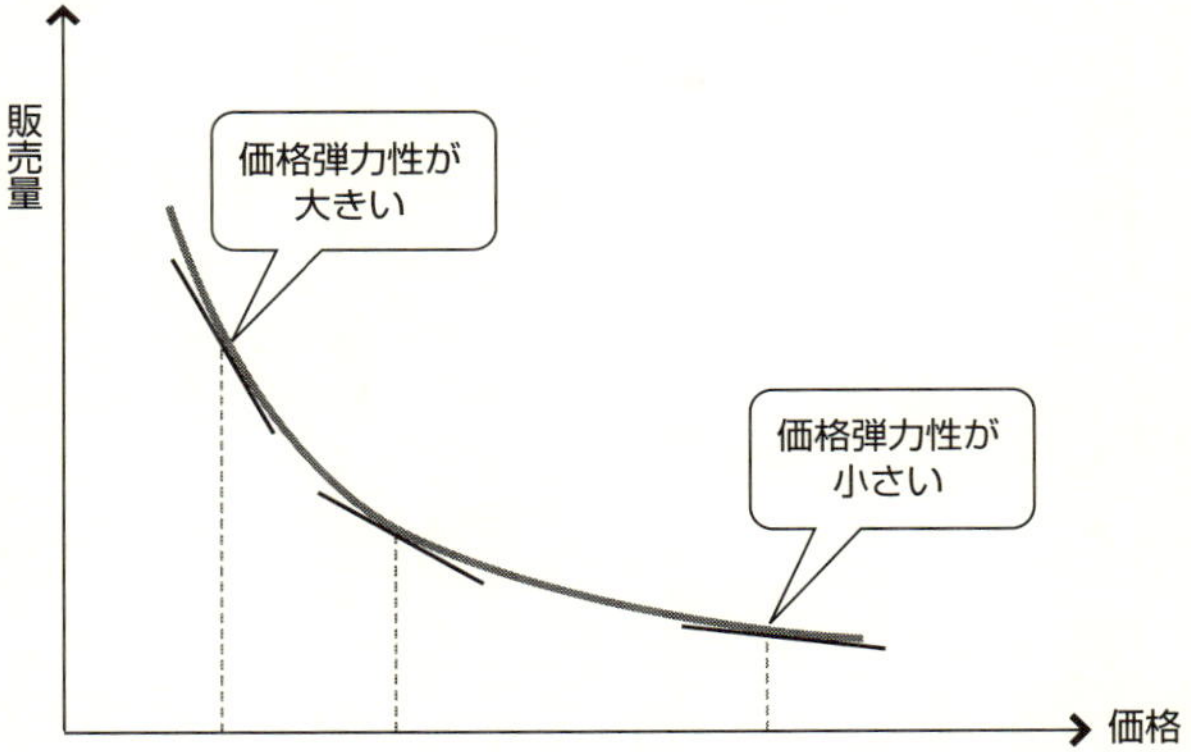

てしまいます。ビセキでビシッと、数学っぽくいえば一意に決めてみましょう。

価格弾力性は同一の商品を同一の環境（同じ店、同じ棚の位置……）で、いろいろな価格で売ってみて、その結果から考えるしかありません。この結果を使って、例によって販売量をたて軸（その動きを見るもの）、価格を横軸（変化させるもの）にプロットし、この点を曲線や直線で表現していきます。

例えば上図のような曲線を引いたとします。普通は価格を上げれば、販売量は減るのですから、この曲線の各点の微分係数（伸び）はマイナスとなります。価格弾力性とは微分係数からこのマイナスを取ったものを表わしています。

上図の曲線を見てみましょう。ここでは低価格の時（曲線の左側の部分）は価格を少し（デルタ）上げると、販売量はぐっと下がります。つまり、低価格の時は価格弾力性（微分係数の絶対値）が大きいことがわかります。そして、その価格弾力性が高価格になるにつれ、次第に小さくなっていくことがわかります。

最大の粗利を出す価格は？

しかしこれでは、結局いくらで売ってよいかがわかりません。多くの企業は、最大の販売量ではなく（それならタダでばらまけばよい）、最大の利益を目指しています。ここでは粗利の価格弾力性というものを考えるべきでしょう。

具体的な例で考えてみましょう。

あるスーパーマーケットで、商品Ａ（原価１００円で1年中コンスタントに売れる）を1年間にわたり、５円刻みで（まさか1円ずつ上げ下げできないので）いろいろな価格で売ってみたら、次ページの図・上側の表のような結果となりました。

これを例によって、粗利をたて軸、価格を横軸としてプロットしてみると同図・真ん中のようになります。さらに、これを曲線で〝滑らかに〟つないでみると、同図・下側のようになります。

販売価格	1日あたりの販売個数	1日あたりの粗利
100	250	0
105	221	1105
110	175	1750
115	106	1590
120	85	1700
125	77	1925
130	48	1440
135	44	1540
140	35	1400
145	28	1260
150	10	500
155	8	440
160	7	420
165	5	325
170	4	280

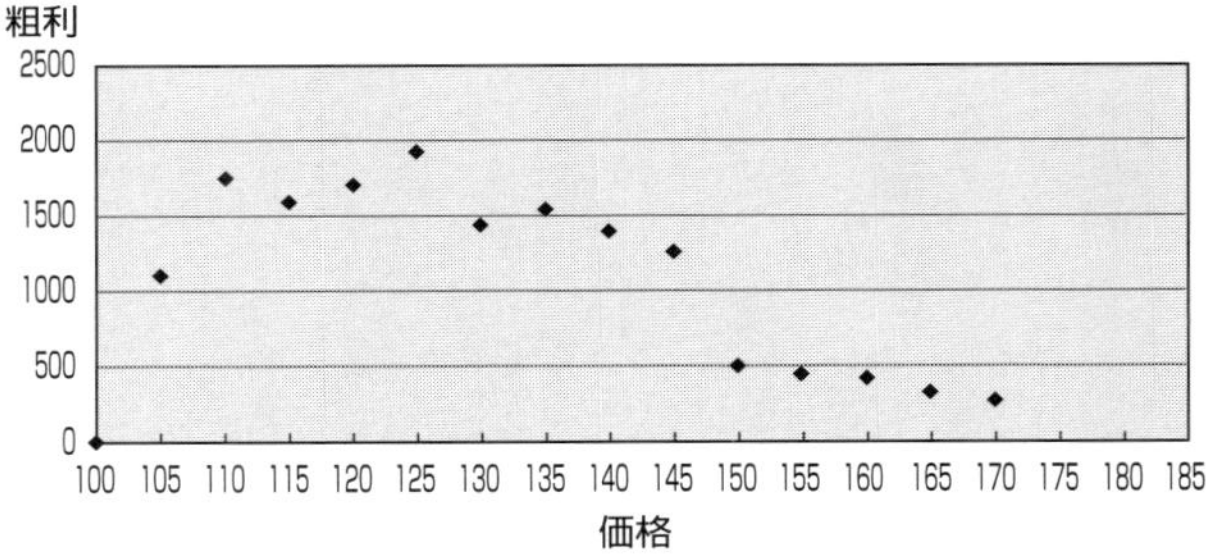

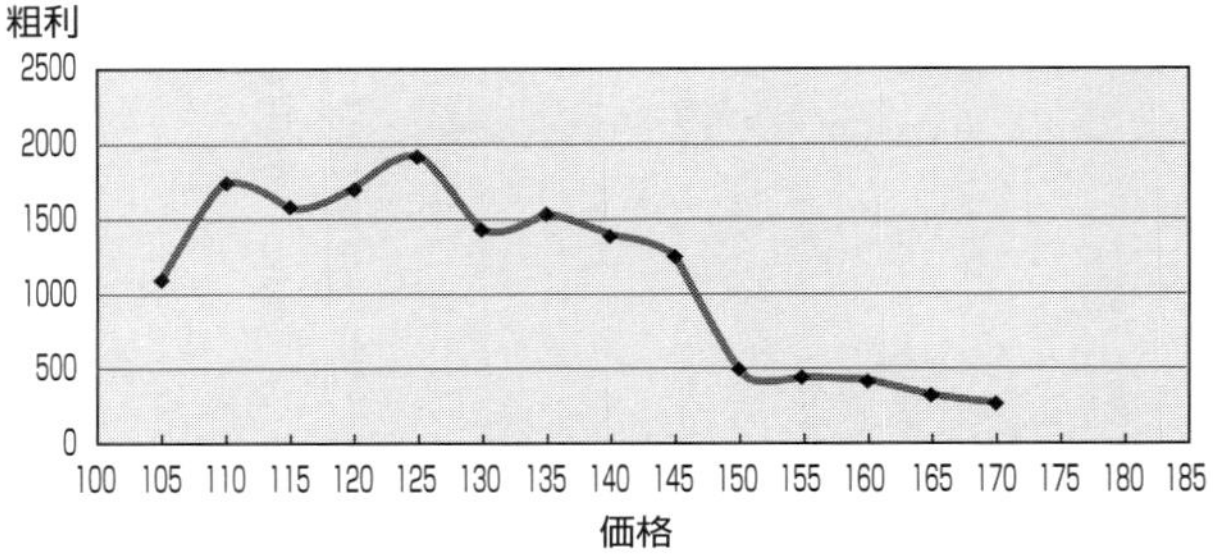

さあ、粗利の価格弾力性を考えてみましょう。

粗利曲線の微分係数は、100円は原価売りなので問題外として、105円～110円にかけてプラス（110円あたりがゼロ。つまり山）、110円～115円でマイナス（115円あたりがゼロ、つまり谷）、115円～125円でプラス（125円あたりが山）、125円～130円でマイナス（130円あたりが谷）、130円～135円でプラス（135円あたりが山）、135円以上はほとんどがマイナス、ということが読みとれます。そして125円あたりに全体としての山（最大値）があることがわかります。

しかし、店舗などでの販売価格は、単に各商品ごとに最大の粗利を求めるのではなく、店全体としての価格戦略（「他店よりも1円でも安く」や「他店よりもサービスをよくして少し高く」）や他の商品との関係（「目玉商品か」など）も考慮に入れて決めるべきです。そう考えると、微分係数がゼロになり、山となる110円、125円、135円あたりで戦略的に価格は決定されるべきということになります。

また「125円あたりで売る」と決めたら、ビセキ型マーケターとしては、このあたりのデルタを小さくして、つまり1円単位で価格を変えてみるなどして微分係数の動きを見てみたいところです。

カスタマーマーケティングにもビセキを使おう

商品ライフサイクル、価格といった〝商品着目型〟としてマーケティングは生まれました。そして、この商品マーケティングをベースとして、ライバル企業同士が激しく競争していく構造が生まれました。ですから「マーケティング＝競争＝勝ち抜く」といったイメージを持つ人が多いと思います。

しかし、マーケットがどんどん大きくなっている時であれば、この競争も楽しいのですが、マーケットが伸び悩む成熟期に入ってもこれをやっていると消耗戦となり、ライバル同士が次第に疲弊していきます。

その結果、自然に企業の目は〝顧客〟という利益を出してくれる存在へと向かいます。これがカスタマーマーケティングです。現代では多くの商品が成熟期を迎えており、カスタマーマーケティングがその主流となっています。

カスタマーマーケティングにもビセキ的思考が無意識に使われています。ビセキの発想は人間の本能に近いものなのかもしれません。少し数字やグラフが続いたので、カスタマーマーケティングでは、ビセキの考え方を中心に見ていきましょう。

カスタマーマーケティングは、大きく2つに分けられます。それは〝顔の見えないマーケティング〟と〝顔の見えるマーケティング〟です。

前者は消費財メーカー（食品や日用雑貨など）のように、店舗などを通して販売しており、自社の商品を誰が買ったのか、それがどう使われているのかがわかりづらい時に使われるものです。この代表がエリアマーケティングです。後者は消費者や企業に直接商品を販売している企業で用いられるものです。この代表がロイヤルティマーケティングです。

この2つのマーケティングをビセキ的思考でとらえてみましょう。

エリアマーケティングとビセキの関係

エリアマーケティングとは自社の商品のマーケットを、エリア（地域）に区切ってマーケティング戦略を考えるというものです。このエリアの着眼点は、そこにいる消費者（顧客）であり、消費者をエリアという〝面〟でとらえるものです。

消費者は1人ひとりが〝点〟として存在しています。点（デジタル）をつないでいくと線（アナログ）になることは何度もやりました。では、線をつないでいくと何になるでしょうか。42ページの下のグラフを見てください。ここでは細い棒、つまり線をつないで〝面〟を作っていきます。そう、線がつながっていくと面になるのです。

そして43ページで「積分はたて棒（線）を限りなく足していくことであり、それによって面積を出すこと」と定義してあります。エリアマーケティングは「点（消費者）を線から面（エリア）へ」と持っていくもので、「マーケットを積分するもの」なのです。

エリアマーケティングの原点は、パイという発想です。パイとは、消費者や企業などがマーケットに求める需要です。例えばミネラルウォーターという商品でいえば「のどが渇いた。水を飲みたい」という欲求です。

これがパイであり、消費者という〝点〟がその欲求の発生源です。このパイという欲求を、各ミネラルウォーターメーカーが分け合う（シェア）と考えるものです。

でもこの発生源である〝点〟（消費者）が、メーカーからは直接見えません。がんばって見ようとすると、〝点〟が多すぎて膨大なコストになってしまいます。消費者ごとのパイ（点ごとのパイ）を、エリアマーケティングは平均的なもの（皆が同じように持っている）と考え〝線〟にして、さらにこの線を積分して、面にしてエリアごとにとらえていきます。

エリアマーケティングは次のように進めていきます。まず、この〝点〟（消費者）の集まりを、どういう数字で表現するかを決めます。一般的には、人口や世帯数が用いられます。

次に、商品が完全に行き渡ったエリア（119ページで述べた〝飽和〟）を見つけます。ミネラルウォーターであれば、コンビニや自動販売機がたくさんあって、飲みたい時はいつでもこれが手に入るエリアです。

ここで売れているミネラルウォーターの量が、エリアのパイの総量＝積分の面積です。これを人口で割って、ユニットパイとよばれる１人あたりの消費量を出します。例えば、飽和しているエリアの人口が７０００人で、そこでのミネラルウォーターの全消費量が17万リットルなら、ユニットパイは17万リットル÷７０００人≒24リットル／人となります。

次に、まだ商品が行き届かないその他のエリアを見ます。このエリアの人口にユニットパイをかけて、そのエリアで売れてもおかしくない量を出します。この量のことを、一部隠れているという意味で、ポテンシャルパイといいます。

例えば、そのエリアの人口が１５０００人なら、ポテンシャルパイは１５０００人×24リットル／人＝年間36万リットルと計算できます。

これは消費者という点をつないで（ユニットパイで直線にして）、さらにこれを積分して、エリアという〝面〟の面積、すなわちポテンシャルパイを出していることになります。

そのうえで、エリアマーケティングではこのポテンシャルパイを、どうやってすべて売上にしていくか（この売上を実パイという）、つまり飲みたい人にミネラルウォーターが手に入るようにするかを考えていきます。

ここから先はいろいろなやり方がありますが、典型的なものは次のようなものです。

エリアごとに実パイをポテンシャルパイで割って顕在率を求め、これをマーケティング戦略の指標とします。例えば、先ほどのポテンシャルパイが36万リットルのエリアで、実パイが25万リットルなら、顕在率は25万÷36万で約70％となります。

そのうえで、プロモーションコストを少し（デルタ）上げると、大きく顕在率が上がるエリア（伸びが大きい、微分係数が大きい）を見つけ、ここにプロモーションコストを集中させます。つまり、顕在率をプロモーションコストで微分するわけです。

エリアマーケティングとは、点をつなぎ、線にして、これを積分して面とし、面ごとに微分しながら戦略を立てていくものです。

ロイヤルティマーケティングとビセキの関係

一方、顔の見えるマーケティングでは、ロイヤルティマーケティングがその中心です。これはロイヤルカスタマー（その企業の得意客のこと）中心のマーケティングを行うものです。

ここにもビセキ的思考がいつの間にか取り入れられています。

ロイヤルカスタマーとは、その企業において大切な顧客です。この大切さを、〝貢献度〟という数字で表わします。例えば、一定期間内の売上、粗利といったものです。

ここではABC分析という手法がよく使われます。ABC分析では、各顧客を貢献度（例えば前期の売上）の高い順に並び替えます（次ページの図・上側）。

次に、たて軸を累積売上、横軸を顧客として、売上№1の顧客をプロットし、さらに№1と№2の累積を出してプロットし……と点を打っていきます。そのうえで貢献度によって、顧客をA（ロイヤルカスタマー）、B（ロイヤルカスタマー予備軍）、C（その他）に分けていきます。これがABC分析であり、ロイヤルティマーケティングの原点です。

ビセキ的思考ですので例によってこの点をつなげて、次ページの図・下側のような曲線にして、伸び（微分係数）を考えます。

この曲線の各点の微分係数は一体何を表わしているのでしょうか。伸びですから、「少し右へ行くと、どれだけ売上を増やせるか」ということで、その顧客（点）の購買力のようなものを表わしています。売上第5位あたりの顧客と第300位あたりの顧客の微分係数（伸び）を比較すると、第5位あたりの方が、かなり大きいことがわかります。

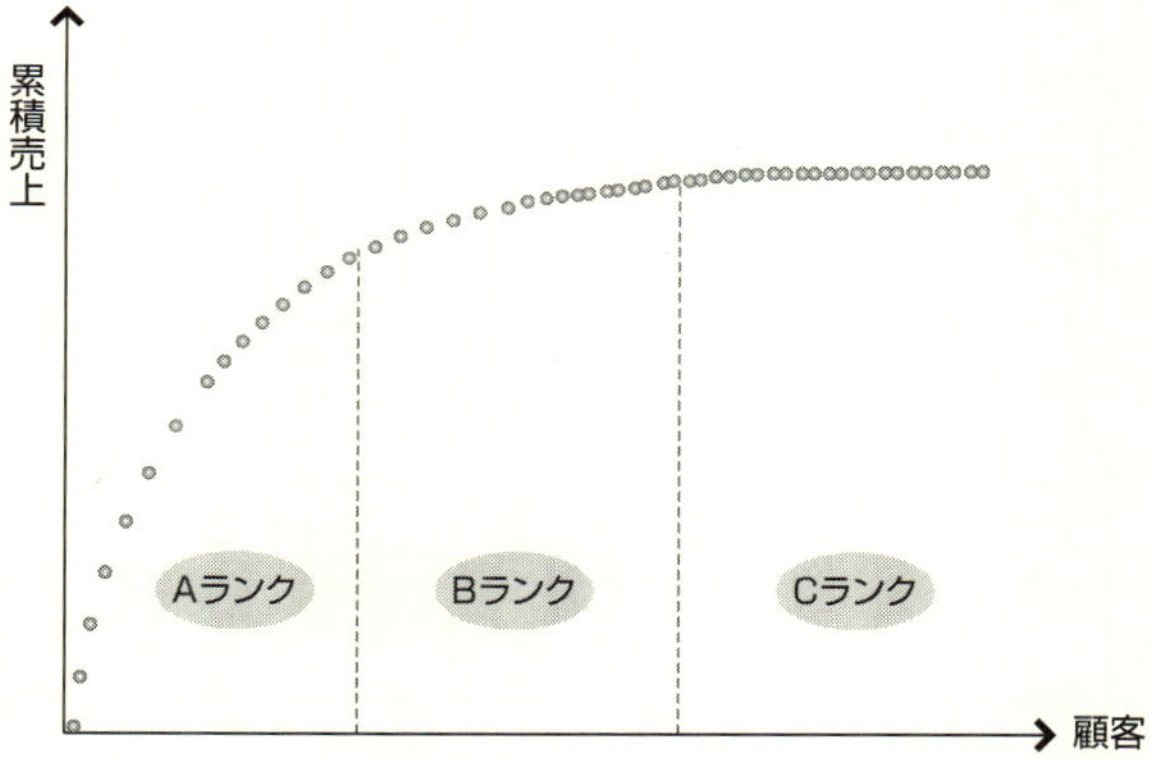
累積売上
Aランク
Bランク
Cランク
顧客

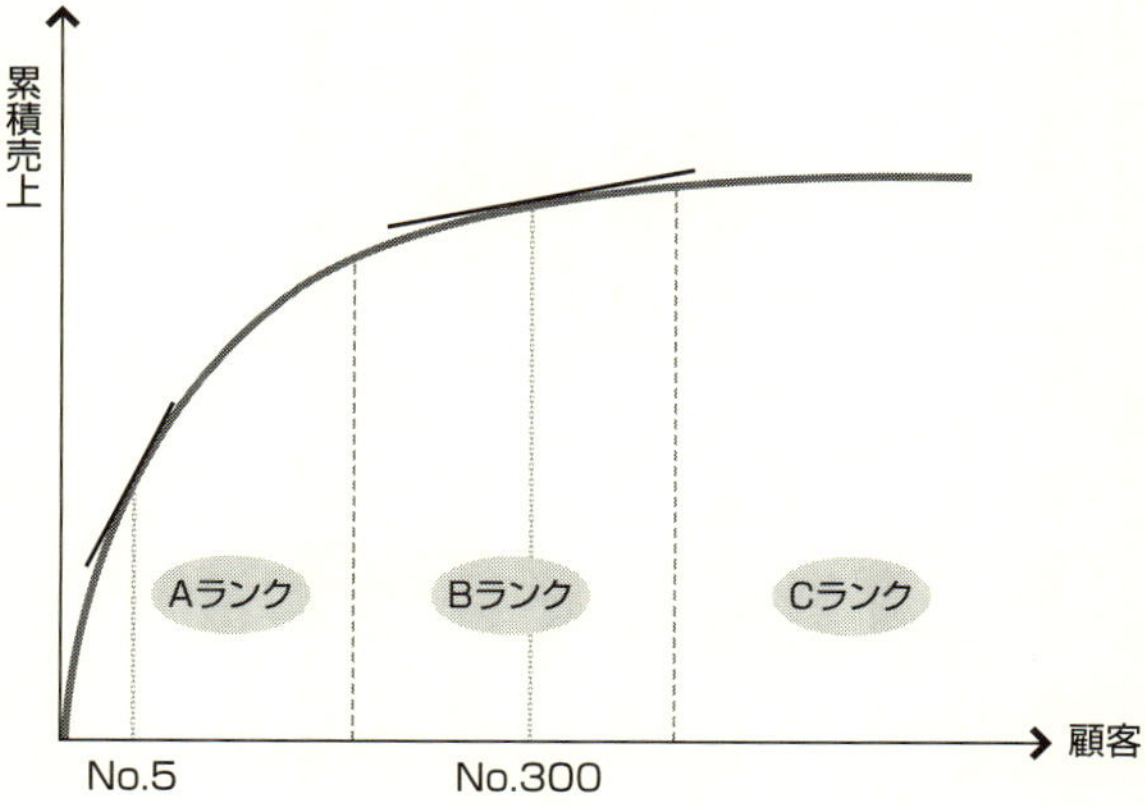
累積売上
Aランク
Bランク
Cランク
顧客
No.5
No.300

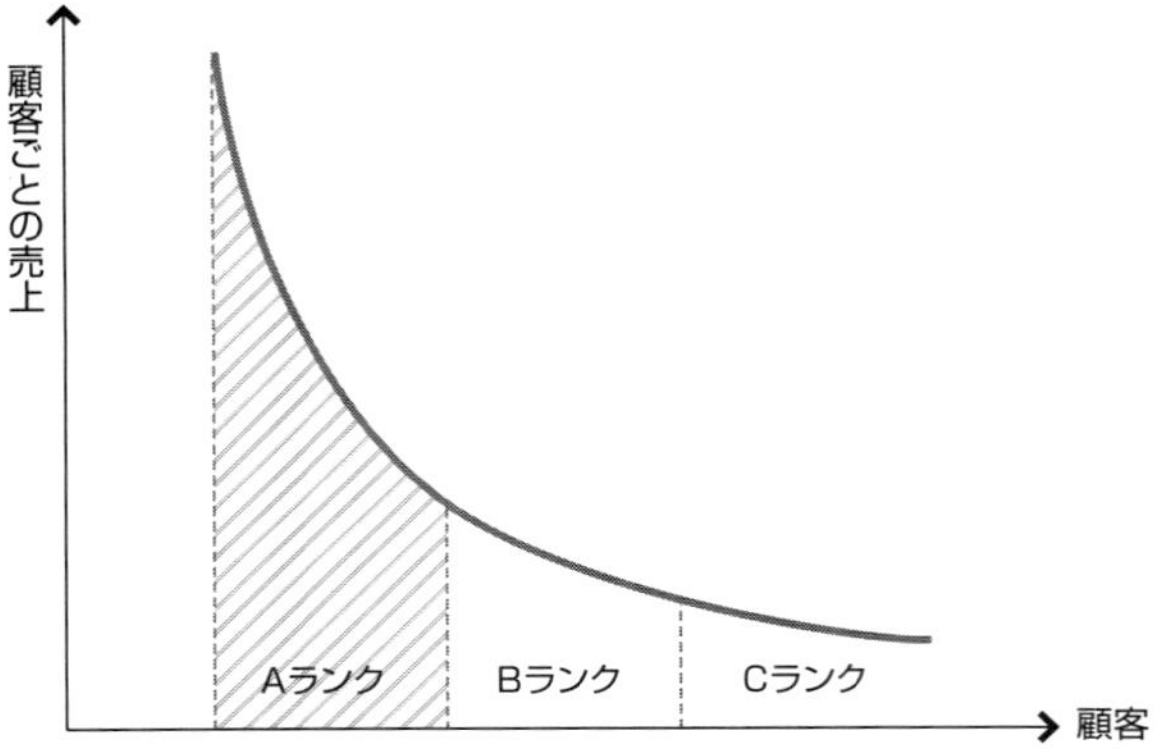

そして、この購買力（微分係数）がAランクからBランク、Cランクにいくにつれ、だんだん小さくなっていくのがわかります。

売上を積分すればロイヤルカスタマーの大切さがわかる

これを累積ではなく、1人ひとりの顧客の〝売上そのもの〟でつないでいくと、どうなるでしょうか。

売上の大きい順につないだ曲線は、上図のような感じになると思います。

ここで、Aランク（ロイヤルカスタマー）の部分（斜線部）の面積は、何を表わしているのでしょうか。ここまで学習したあなたならもうわかったでしょう。Aランクの顧客の売上合計です。つまり、この曲線を積分すれば売上合計が出ます。

面積を見ればわかる通り、Aランクの顧客がかなりのウエイト（先ほどの貢献度の合計にあたる）を占めています。これがロイヤルティマーケティングの原点である「ロイヤルカスタマーを中心にマーケティングを考える」です。

例えば、商品の値引きをすれば、A、B、Cランクにある各点（各顧客）へ均等にプロモーションコストがかかります。

しかし〝点あたり〟には均等でも、面積あたりには均等ではありません。Aランクのロイヤルカスタマーにだけ特別なサービスをすれば、上の斜線部の面積だけにマーケティングコストがかかることがわかると思います。航空会社のマイレージサービスのようなものです。これがロイヤルティマーケティングです。

こうしてみると、マーケティングはビセキの宝庫といえます。

コラム⑤

次元の低い話だ

ビジネスの世界では、「次元」という言葉をよく使います。これは数学で生まれ（定義され）、物理（数学の実世界への適用）で幅広く使われた考え方です。

次元という単語は、ディメンションの和訳です。ディメンションとは、もともと、「寸法」「測る」という意味です。ひもの長さを測る時は1回だけでOKです。長さしかありません。では四角い布は？　これは〝たて〟と〝横〟を測らないと大きさがわかりません。面はたてと横の2つの方向を持っています。この測る方向のことを、次元といいます。だからひもは1次元（1方向）、布は2次元（2方向）です。

では建物は？　たてと横でフロアの広さがわかりますが、もう1つ〝高さ〟が必要です。これで3次元です。私たちが住んでいる世界は、たて、横、高さという3つの方向を持った「3次元空間」です。この3次元空間で人間はたて、横、高さの3つの方向に移動することができます。まあ納得できるでしょう。

私が小さい頃に流行っていた言葉に、「4次元の世界」があります。我々の世界にもう

1つ何かが加わったものです。これが何かは3次元の世界の人たちにはわからない（わかったら4次元の人間になってしまう）のですが、数学者、物理学者は、この4つ目の次元として〝時間〟に着目しました。4次元の世界の人は、たて、横、高さの他にもう1つ時間を自由に動くことができるというものです。

ここにタイムマシンという考え方が生まれ、天才アインシュタインは、この夢の世界を（もちろん現実の世界を含めて）数学的に、物理学的に組み立て、相対性理論というものを作り出しました。論理的な数学の世界へ〝夢のあるワールド〟を持ち込んだものです。だから、数学を愛している人たちのほとんどはアインシュタインにあこがれています（きっと）。

もちろん、正規化（単純化）から一般化に持っていきたい数学者たちは、4次元では飽きたらず、5次元、6次元、n次元、さらに無限次元空間……を作っていきます。

そしてその究極は、0次元です。次元は〝広がり〟だというのは、直感でわかると思います。0次元とは〝広がりはゼロ〟、つまり広がりをなくしたものです。

何かが浮かびますか？　数学者たちは〝点〟以外は思いつきませんでした。こうして点が0次元、線（1方向）が1次元、面（たて、横）が2次元、立体（たて、横、高さ）

が3次元となり、数字と図形が完全に合体しました。

点（デジタル）をくっつけていくと、線（アナログ）になりました。そして微分は、線（1次元）を点（0次元）に戻して考えます。一方、線（1次元）を積分すると面積つまり面（2次元）になります。

もうわかると思います。微分というものは、次元を1つ落として考えることです。そして積分とは次元を1つ増やして考えることです。

それなら面を積分すると？　そう、空間（3次元）になります。空間を積分すると？　私が小さい頃に夢見た、4次元の世界です。

逆に空間を微分すると面になります。地球という3次元を微分すると（つまりデルタな小さな世界で見ると）平面（2次元）になります。だから地球という3次元空間でも、〝身の回り〟という小さな世界で見ると平面に見えます。これを広い視野で（よくグローバリゼーションといいます）見ると、地球は丸い3次元の球体で、自分が立っている裏側にも人間が住んでいます。

「なんて次元の低い話なんだ」「低次元」とか言います。これは微分（次元を小さくする）

の世界だといっているのです。こんな時は次元を上げて、つまり積分の世界で話しましょう。ビセキ的思考を身につけて、会議などで「それじゃ、うちの部門はやっていけない」などとデルタ（自分の身の回り）な世界で話している人を見たら、「そんなに微分しないで、もっと積分して会社全体の次元で考えよう」なんて言ってみてはどうでしょう（あまり受けないかもしれませんが）。

そして昨日や今日のことばかり気にしている人がいたら、「もっと時間という次元を持って、未来を考えよう」などと言ってみてはいかがですか。

第5章　微分・積分で顧客満足

品質は数字で表わせる

次は、〝品質〟をビセキで考えてみましょう。

「品質への無理解」がさまざまな偽装事件を起こし、そしていくつもの企業を葬ってきました。しっかり定義しないで品質を考えると、このようなことが起こります。がんばってビセキ的思考で品質を理解しましょう。

品質のプロたちは、「測れないものは品質ではない」と言い切ります。つまり、品質は数字です。だから数学（ビセキ）の対象です。

品質は「よい」とか「悪い」といった気持ちではなく、数字で表わすので「高い」「低い」です。よい、悪いは気分ですので、人によって「私はこの状態でもよいような気がする」となりますが、品質は数字ですので、「いくつ以上を高い、いくつ以下を低い」などと定義できます。

つまり〝境〟があります。この境を気分で変えてしまったものが偽装事件です。「賞味期限は過ぎているけど、別に体に害はないと思う」ということですね。

世の中に数字で表わせないものはありません。これだけは断言できます。

一般に、数字に表わす前の状態を〝実体〟などといいます。もちろん「実体を表わした数字」とその実体がぴったり合っているかどうかといえば（賞味期限の日付と味がぴったり合っているか）、話は別です。しかし、数字に表わすことはできます。「好き」という感情だって「大好き」「好き」「普通」「嫌い」「大嫌い」を５、４、３、２、１で表わせば、もう数字です。

ここまで本書で出てきた売上、在庫、価格などは、実体がはじめから数字ですが、品質はその〝数字への表わし方〟（これを数学の世界では数量化といいますが、そんなに大げさなものではありません）を、まず考えなくてはなりません。

品質をがんばって定義する

では品質を数字にしていきましょう。これは品質をしっかりと定義することとほとんど同じです。結構まどろっこしいのですが、ビセキらしく、論理的に書いていきますので、くじけずについて来てください。

品質という考え方は、さまざまな分野で使われています。工場で作る製品の品質がその出発点ですが、その応用編として、サービス品質（ホテルの顧客サービスなど。よくホスピタリティといわれます）、経営品質（企業としての質を指しているようです）といったものもあります。ここでは、製品の品質についてビセキ的思考で考えてみます（これさえわかれば、あとは「推して知るべし」です）。

工場の仕事は、設計と製造の2つに分けられます。これらの仕事が品質を生みます。つまり、この2つの仕事のやり方によって品質が変わります。したがって、工場で作る製品の品質は2つに分けることができます。

1つは設計品質で、その製品が「高い品質を目指して設計されていること」を指します。例えば、「スピードが早い」「軽い」「小さい」「おいしい」「きれい」……といったものです。これはよく考えれば、でき上がった製品の質というよりも「このように製品を作ろう」という意思のようなものであり、これを本書では品質ではなく、設計仕様と表現します。

もう1つは製造品質です。今後はこれを品質と表現します。そうなると、品質は「どれくらい設計仕様どおりに作られたか」ということになります。

「このように製品を作ろう。作れるはずだ」（設計仕様）と思っても、毎回ピタッと設計仕様どおりに作れるわけではありません。何とか設計仕様に近い形で作られた、それぞれの〝製品の状態〟のことを製品機能といいます。

1つの製品にいくつかの設計仕様（「時計」という製品でいえば、正確さ、重さ、寿命……）があり、これに1つひとつ対応する形で製品機能があります。

これでやっと品質が左のワク内のように定義できます。こうやって1つひとつ定義していくのが理系的発想です。

$$品質=\frac{製品機能}{設計仕様}\leqq 1$$

設計仕様どおりに製品が作られている時、すなわち設計仕様＝製品機能となった時を絶対品質といい、この時に品質は1となります。

絶対零度をご存知でしょうか？　これ以下には絶対ならない温度のことです。同様に、絶対品質はこれ以上絶対に高くはならない極限のことです。一方、製品ができ上がる前は、製品機能は全くないので、0となります。

品質は0から1の数字であり、製品の設計項目（正確さ、重さ、寿命……）の種類だけ品質（正確さの品質、重さの品質、寿命の品質……）はあります。これで品質はやっと数字になりました。

品質をがんばって測る

ビセキ的発想では、まだまだ定義しなくてはならないものがあります。

次は、品質管理（クオリティ・コントロールの略でQCともよぶ）という〝仕事〟です。品質管理とは、「品質に関するすべての仕事」をいいます。

品質管理は「品質測定」と「品質向上」という2つに分けられます。この2つの仕事のうち、大切なのは品質測定です。品質は測ることさえできれば、向上させる方策が見つかります。品質向上ができない企業は、品質が測定できないからだといっても過言ではありません。この品質測定にビセキが力を発揮します。

さて、品質測定の世界に〝不良品〟という言葉があります。今度は不良品を定義します。

不良品とは、直感的には「設計仕様どおりに作られていないもの」と考えがちです。

こう考えると、例えば製品の設計仕様を「重さ100グラム」と決めたら、重さ100グラム以外の製品はすべて不良品です。しかし重さを正確に測ることなどできません。そんな正確な測定機はありませんし、あったとしても測定ミスがあります。この「測定ミスがある」ことは納得してください。だから良・不良の厳密な判定ができません。しかも〝ちょう

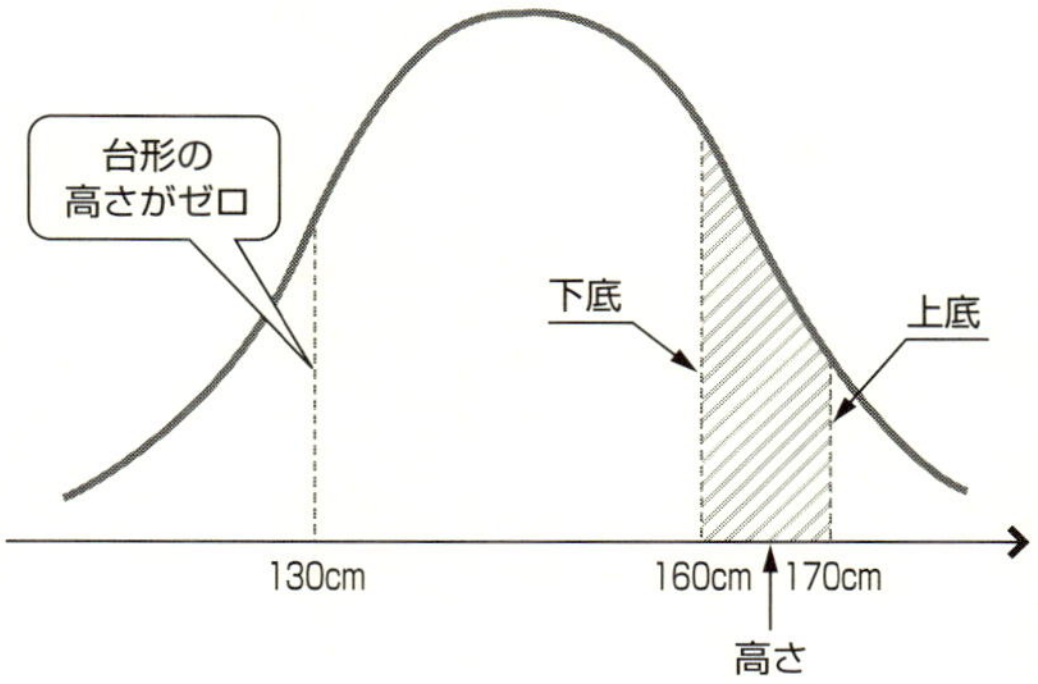

ど１００グラム〟に作ることなどできません。

この正確さ、論理性がビセキ的思考のポイントですので、少しつっこんでみましょう。

第１章でお話しした小学生の身長のグラフを思い出してください。

上の１６０cm～１７０cmの網掛け部分の面積は、「１人の小学生の身長が１６０cm～１７０cmの間にある確率」を表わしています。この面積は台形みたいな形をしているので、「(上底＋下底)×高さ÷２」で計算できます。ここでの「高さ」は横軸の10cm間隔の〝幅〟です。

それでは小学生の身長が１３０cmジャストである確率は？　高さ（＝幅）はゼロ（幅がないので）です。つまり面積はゼロ、確率はゼロです。小学生が１３０cmジャストとなる確率はゼロです。ビセキで考えるとこうなります。

先ほどの製品の話に戻りましょう。小学生の〝身長130㎝ジャスト〟同様に〝100グラムジャスト〟に製品ができる確率はゼロです。ということは、工場で作った製品はすべて不良品となってしまいます。

そこで「その製品の重さを何らかの方法で測定してみて、99.9グラムから100.1グラムの間に入っていない製品は不良品とする」といった考えが必要です。この考え方を許容、この範囲（99.9〜100.1）を許容範囲といいます。これでやっと不良品を定義できます。

一度ここで異常、良品、不良品についてまとめましょう。次のようになります。

- 異常⇒設計仕様の許容範囲を越えてしまうこと
- 良品⇒1つも異常のない製品
- 不良品⇒いくつかの設計仕様（重さ、大きさ……）のうち、1つでも異常のある製品

品質保証という言葉もよく使います。これは絶対品質を保証（すべて設計仕様になっている）しているのではなく、その製品が「ある許容範囲に入っていること（正確にいうと「ある

測り方で測ってみて」という条件つきで）を保証する」ということです。

エラーは必ずある

ここまで定義できれば、これから書く「大切なこと」がわかると思います。
許容には品質測定ミスによって、次の2つのエラーが起こります。

①第一のエラー⇓良品を不良品と判断すること
②第二のエラー⇓不良品を良品と判断すること

第一のエラーは、工場で不良品としてはじいてしまった製品の中にも、売れるものがあるということです。これへの対応は「まあこういうこともあるさ」と思って不良品と一緒に廃棄してしまうか、「もう1回すべての不良品をチェックして、やっぱり不良品なら廃棄、良品なら元に戻す」のどちらかです。もう1回品質測定するコストと、不良品が生き返るリターンを秤《はかり》にかけて考えます。

問題なのは、第二のエラーです。これは不良品が良品と判断されて工場から出荷され、顧客の手に届いてしまうことを意味しています。どんなにがんばっても、この危険は必ずあります。品質測定ミスは必ずあります。数学的にいえば、ミスがないことは証明できません。

つまり、不良品を工場から絶対に出ていかないようにはできません。これを理解していないと、不良品が出てびっくりし、狼狽《ろうばい》して、つい最悪の対応である「不良品隠し」をやります。そしていつかは、隠したはずの不良品が内部告発やマスコミによって見つけられ（この確率をゼロにはできません）、企業はもろくも沈没してしまいます。まわりから見ると「そんなことをやれば、会社がつぶれてしまうことがわからなかったのかな」と思います。

不良品は出ないうちに、出た場合の対処法を考えるしかありません。「出ないように」手を打つのは当然ですが、一番大切なことは「出たらどうするか」です。

冷静な時に出たらどうするかを考えれば、「わからないように隠す」という結論にはならないでしょう。どんな企業にだって「不良品を出す可能性」はあるのだから、恥ずかしがらずに公表して、少しでもダメージを小さくしようということになるでしょう。不良品隠しが見つかることが最大のダメージなのですから。

不良率をプロットしてみる

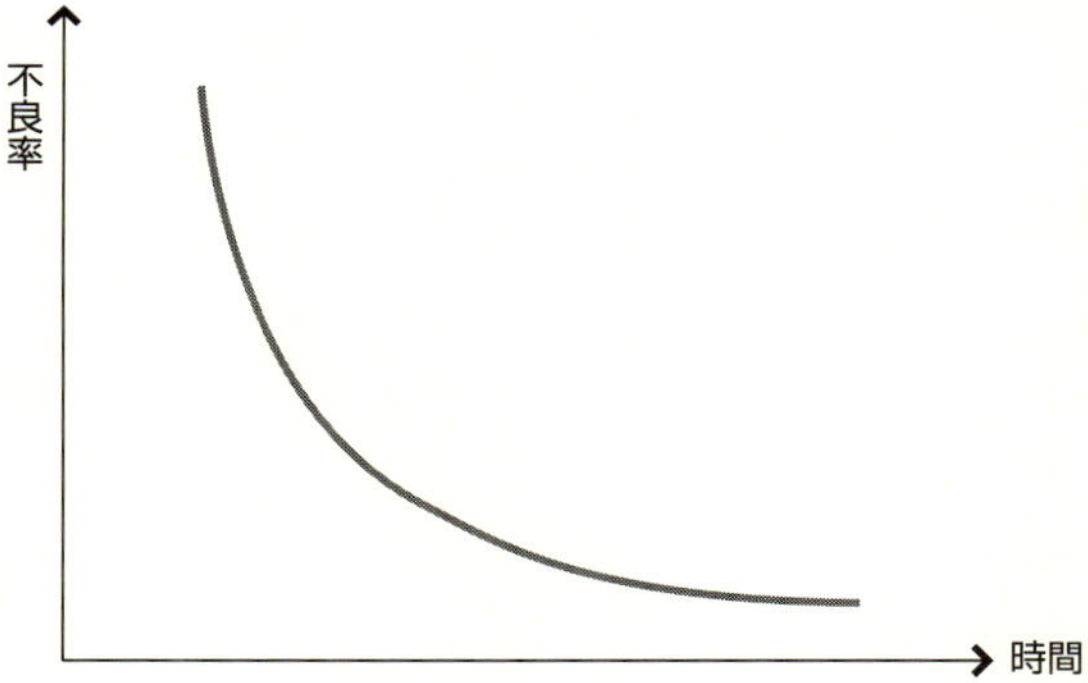

この許容をベースとして、品質測定をどのように行っているかを、ビセキで考えましょう。

新製品の設計（設計仕様、製造方法）が終わったら、とりあえず試作品を作ってみます。そしてこれを品質測定します。こういう作業をよく、テストといいます。

テストでは当然のことながら不良品（許容範囲外の製品）が多く発生します。この不良品を見て、何とかこれを減らせないかと考え、製造方法を少し変えて、……と不良品の発生を少しずつ減らしていきます。これが品質向上です。

製造した製品全体のうち、不良品の占める割合を不良率といいます。不良率をたて軸、テストした時間を横軸としてプロットしていくと、上図のような曲線になります。

そして残念ながら、この曲線は横軸（不良率＝０）とは交わりません。交わった状態は、すべての製品が絶対品質であり、不良品がゼロとなる状態なのですが、先ほどから何度も述べているように、そこにはたどり着けません。そうなると、このテストをどこかでやめなくてはなりません。いくら何でも、「発売日が近いので、そろそろ……」というのではなんです。こういう企業も散見されますが……。

品質基準を決める

では、〝やめ時〟を考えてみましょう。今度は、たて軸を不良率ではなく良品率（不良率の反対。これが先ほど定義した品質。つまり設計仕様どおりにどれくらい作られているか）、横軸をコスト（先ほどのグラフの時間とほぼ同じ。時間をかければコストがかかる）でプロットしてみます。そうすると、次ページの図のような曲線が見えてきます。こちらの方が不良品より、コストをかけることでだんだん品質が向上していく感じがして、直感的かもしれません。

ａの時点（テストの初期段階）のこの品質曲線の微分係数を考えてみましょう。ａからコストを少し（デルタ）だけかけると、品質が「どれくらい上がるか」（伸び）がａの微分係数であり、俗にいうコストパフォーマンスです。つまりリターン（品質が上がる）とコストの比の

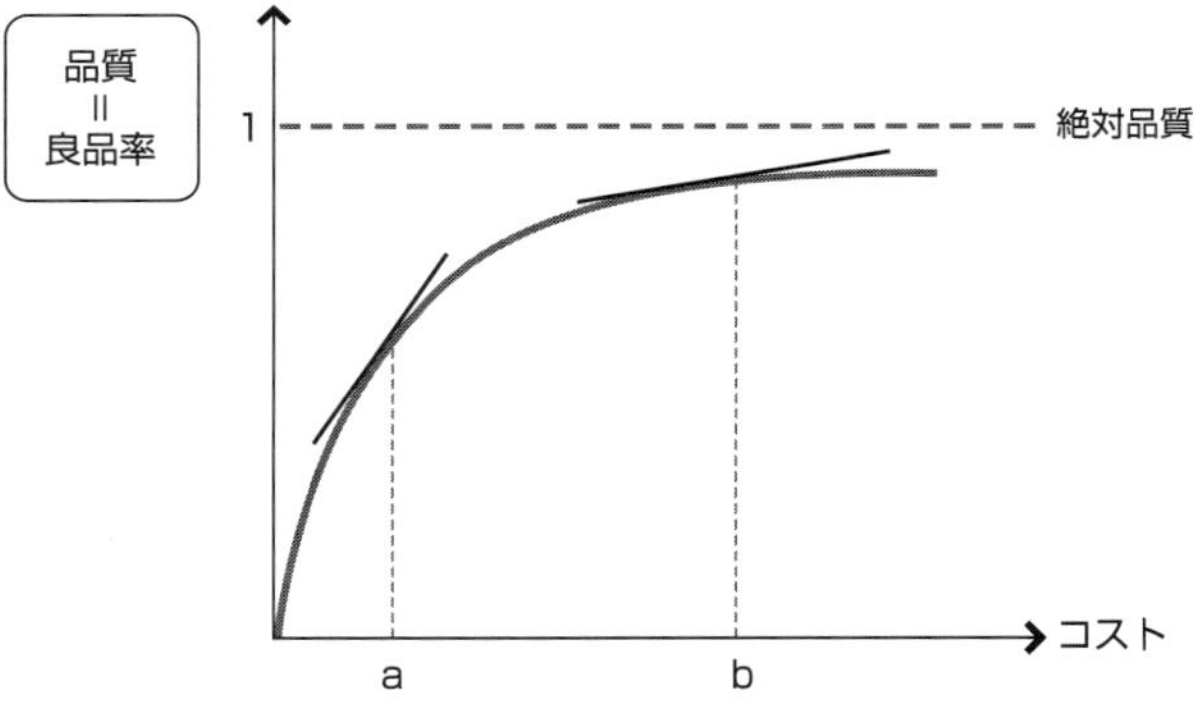

ようなものです。

ａの微分係数は大きく、つまりテストのコストパフォーマンスが高く、テストをさらに進めた時点であるｂではほとんど平行、つまりコストパフォーマンスが低くなっています。テストのやめ時が難しいことがわかると思います。

要は、「良品率が○×パーセントになったらやめる」ということを、〝テストを始める前に〟決めておく必要があります。

そのうえで、不良品を品質測定で見つけて、上図のようにプロットして曲線を書き品質向上をして、やめ時に達したら、テストをやめて製品として出荷します。このやめ時を品質基準といいます。

このグラフでわかる通り、品質基準を上げればコストが上がります。

テレビCMなどで「厳しい品質基準をクリアした製品」と宣伝されるのはこのことです。「我社には不良品は一切ない」と宣伝することは不可能なことです。

しかし、このように各企業が自分たちで品質基準を決めていると、コスト競争になった場合に品質基準がどんどん下がっていきそうです。そうなると、社会全体で考えると不幸なことになります。近年の偽装事件も、このあたりにその根があるのでしょう。

そこで社会全体としての品質基準の合意が求められることとなります。この合意の代表がISO9000（国際標準化機構によって定められた品質基準）です。ISO以外にもさまざまな社会的品質基準が作られています。

故障率はバスタブ曲線

機械などの設備を長時間使用すれば、次第に故障が増えて、品質が下がってくるのは直感できると思います。これは不良ではなく摩耗《まもう》といわれます。〝使い減り〟のような感じですね。この設備をいつ新しいものと取り替える（〝更新〟という表現をする）かは、結構難しいテーマとなります。

ここでは不良率に対応するものとして、故障率というものを考えます。

まず、故障する間隔（故障してから次に故障するまで）を測って、その平均値を出します。こうして計算した〝平均故障間隔の逆数〟を「故障率」と定義しています。逆数とは、何分の1ということです。例えば、10の逆数は10分の1です。つまり、平均故障間隔が10日間（大体10日に1回故障する）であれば、1日の間に（その日に）故障する確率は1／10、10％と考えるものです。

故障率は使っていくうちに変化していきます。この変化について考えてみましょう。

例によって故障率をたて軸、時間を横軸としてプロットしてつなぎます。故障率の線は、直線ではなく曲線となります。そこで、これをコンピュータで書くには「山形」や「商品ライフサイクル」のような、大体の形を想定しなくてはなりません。

設備メーカーが、故障率を数多く調べ、時間を横軸としてプロットしていくと、多くの設備の故障率曲線が、大体166ページの図のような形を取ることがわかってきました。この形はお風呂の湯船のようなので、バスタブ曲線とよばれています。こんな言葉が出てきたら、その人は「設備屋さん」（設備のプロ）と思えば間違いありません。そしてビセキ的思考のあなたは、その設備屋さんの気持ちを理解してあげられる友人の1人となるでしょう。

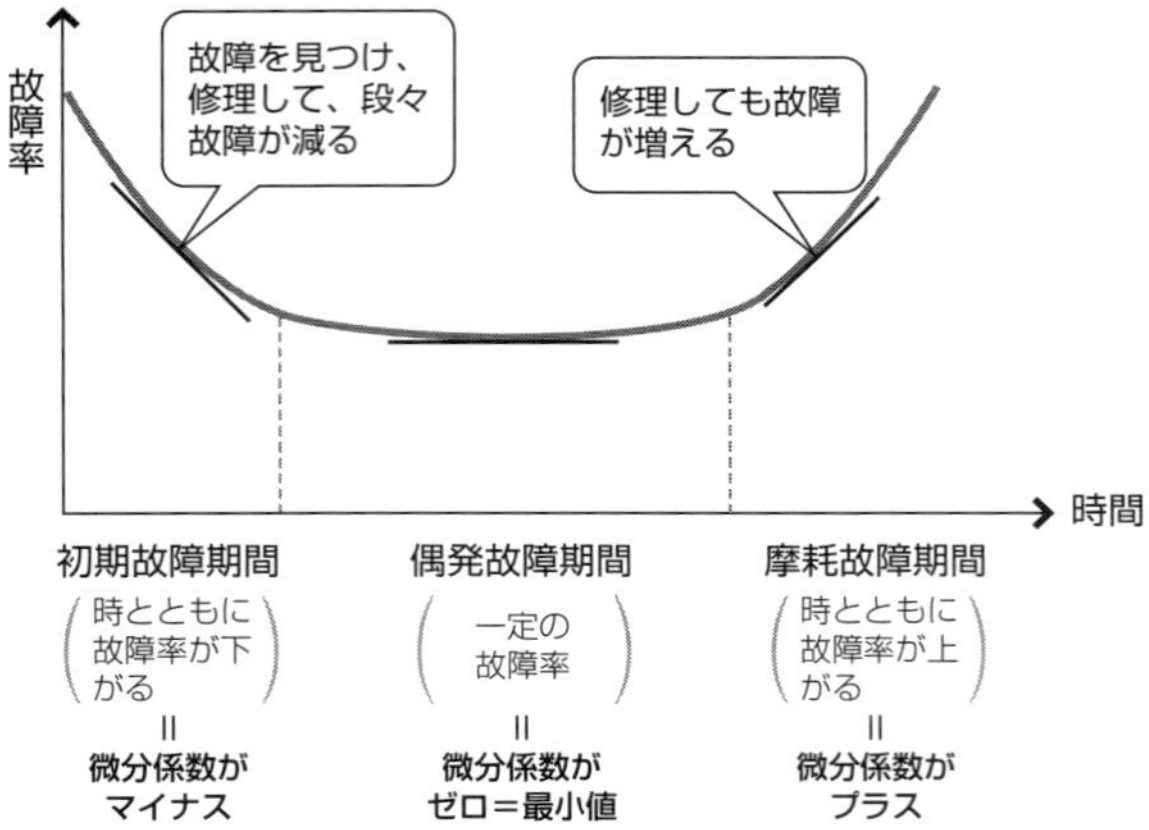

設備メーカーから見れば、「初期故障期間をテストにあて、偶発故障期間に入ったら出荷し、この間は保守契約（おカネをもらって故障を直す）を結ぶ。そして、摩耗故障期間に入ったら買い替えを促す」ことが最適です。

この期間の見極めは、もちろん微分係数でです。工場などの使う側からすると、設備は思った以上に止まります。これは何らかの拍子に「チョコ」っと故障して止まる（正確にいうと安全のために止めている）ことがあるので、よく「チョコ停」などといいます。パソコンのフリーズのようなものです。このチョコ停などの〝故障〟をデルタな目で見ていけば微分係数がわかり、設備の更新時期もわかります。

顧客満足度を数字にして因数分解する

顧客満足（カスタマー・サティスファクション、略してＣＳ）という言葉は、現代企業のキーワードの１つとなっています。いかにして顧客に自社の製品やサービスを満足してもらうかということで、この度合を顧客満足度といいます。

多くの企業においてこの顧客満足度はかなりファジーに考えられています。はっきりいえば、いいかげんにやっています。

ビセキ的思考からすれば、顧客満足度だって当然、数字にすべきです。数字にしないで顧客満足を高める努力をしたって、その努力によって高まったかどうかさえも測れません。

だから顧客満足を高めるようがんばったら、「それが高まったことにして」（「高まったような気がする」が正確でしょう）、その努力をやめてしまいます。そうでないと、その努力をいつまで続けてよいかわかりません。

もっとファジーな人だと、「顧客満足への限りない努力」などと言って逃げてしまいます。しかし企業にとってみれば「限りない」コストをかけるわけにはいきません。このあたりをビセキでスパッと決めたいものです。

顧客満足度は、先ほど述べたように、顧客が製品やサービスに満足している〝度合〟です。つまり満点の状態があって、それに対して〝どれくらい満足しているか〟ということです。この満点のことを、〝絶対満足〟(絶対品質と同じで、もうこれ以上は上がらない大満足)といいます。絶対満足には、いくつもの項目(おいしさ、スピード……)があり、もちろんそれは人によって違います。ここでも製品の顧客満足について考えてみましょう。

絶対満足をベースとして各項目について実際の製品が持っている状態(製品価値と表現します)と比較して、満足度が決まるはずです。さらに製品価値は155ページで述べた〝製品機能〟と、その〝価格〟で決まる(機能が高く、価格が安いほど価値が高い)と考えられます。

こう考えていくと、顧客満足度は次ページの図のように定義されます。もちろん、必ずこう定義しなくてもよいのですが、ただ定義しないでこの言葉を使うのだけはやめましょう。

絶対満足と設計仕様は、おいしさ、スピード、重さといった同一項目のはずです。というよりも、絶対満足の項目を想定して(こうすれば顧客は満足してくれる。おいしくしよう。速くしよう。軽くしよう)、設計仕様を考えているはずです。

この設計仕様÷絶対満足を、仕様適合度といいます。こうすると、顧客満足度を上げるということは、「仕様適合度を上げること」と「品質÷価格を上げること」の2つに分けられま

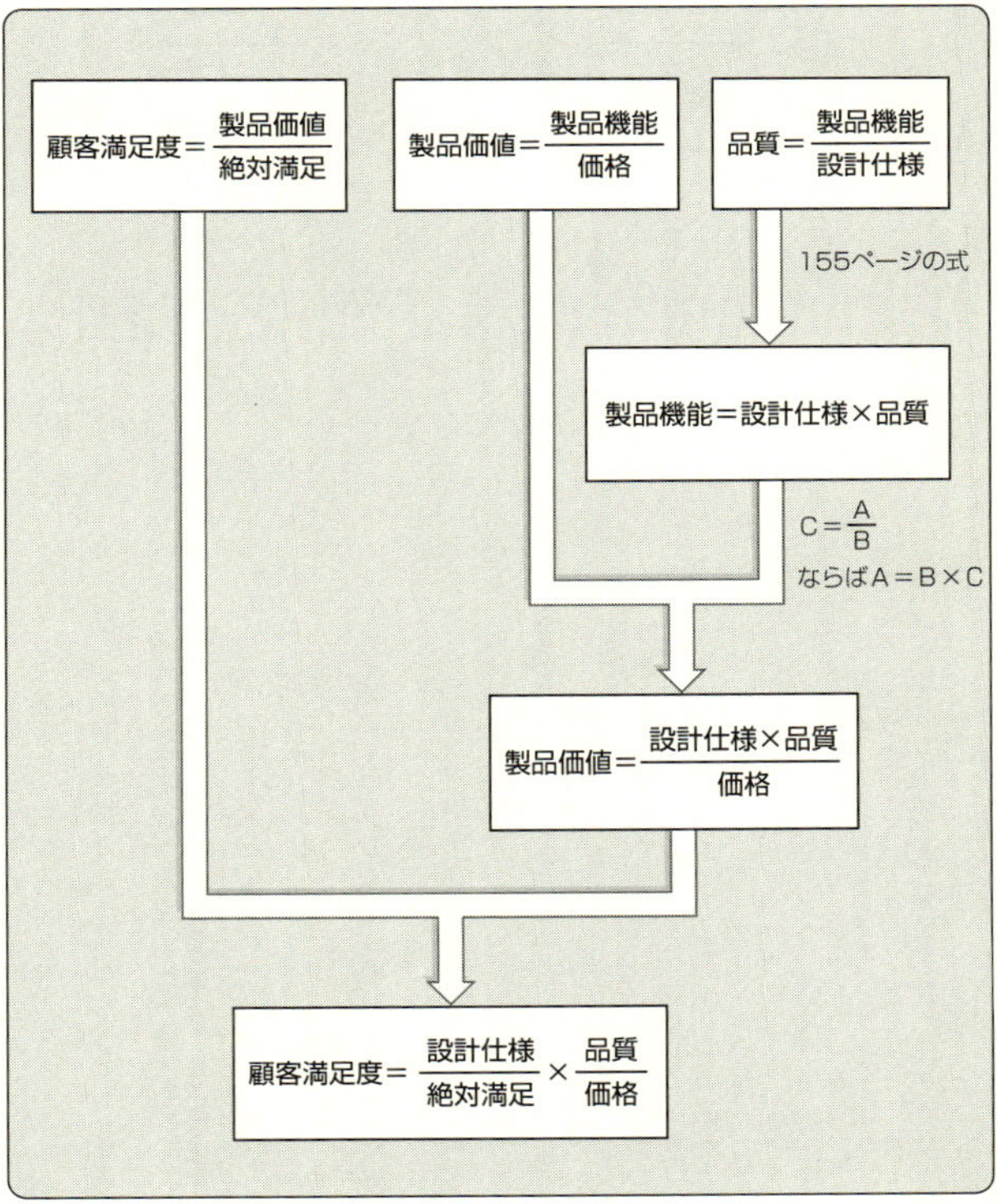
顧客満足度＝製品価値／絶対満足
製品価値＝製品機能／価格
品質＝製品機能／設計仕様
155ページの式
製品機能＝設計仕様×品質
C＝A／B
ならばA＝B×C
製品価値＝設計仕様×品質／価格
顧客満足度＝設計仕様／絶対満足×品質／価格

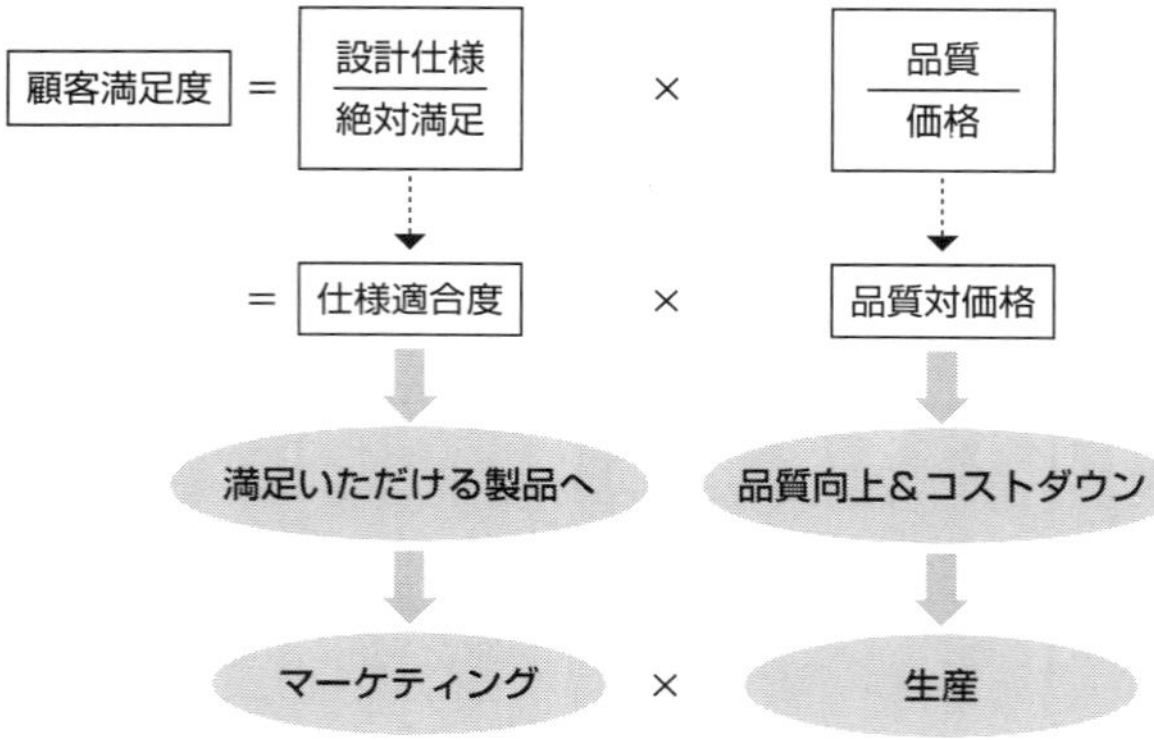

す。数学でいう「因数分解」です。

メーカーでは前者をマーケティングサイド（ご満足いただける製品に変える）、後者を生産サイド（品質向上とコストダウンを同時に考える）が担当することになります（上図）。ここでは仕様適合度について考えましょう（品質は先ほどやりました。コストダウンは次の章でやります）。

顧客満足度の動きが微分でわかる

即席カップ麺の容量を例として、仕様適合度にビセキを使ってみましょう。

ある食品メーカーで、カップ麺の容量（これが先ほどの絶対満足と設計仕様の項目）について、「お客様に満足いただけるように」と考えています。

評価点	人　数
0	1
1	8
2	35
3	104
4	206
5	320
6	186
7	94
8	8
9	3
10	0
合　計	965 人

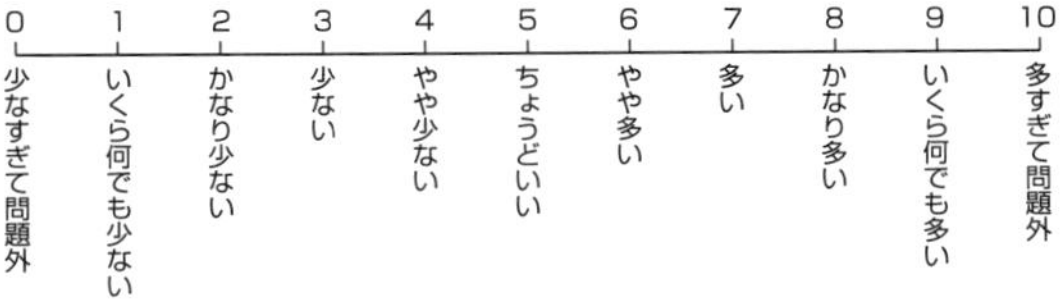

そこで、試作品を作り消費者に食べてもらい、アンケート（0点～10点。上図）で評価してもらうことにしました。

仕様適合度は、5点が満点（絶対満足）です。アンケートの平均点が5点より小さい時はこの平均点が、5点より大きい時は10からこれを引いた数字が、それぞれ仕様適合度を表わすことになります。

さて、アンケート結果が上図のようになったとします。

評価点は平均が4.8、標準偏差が1.3と計算できました。ただ、どのような容量にしても全員が5点（絶対満足）というわけにはいきません。

そこで、満足ゾーン（この容量でほぼ満足）を4.5～5.5と考えてみます。

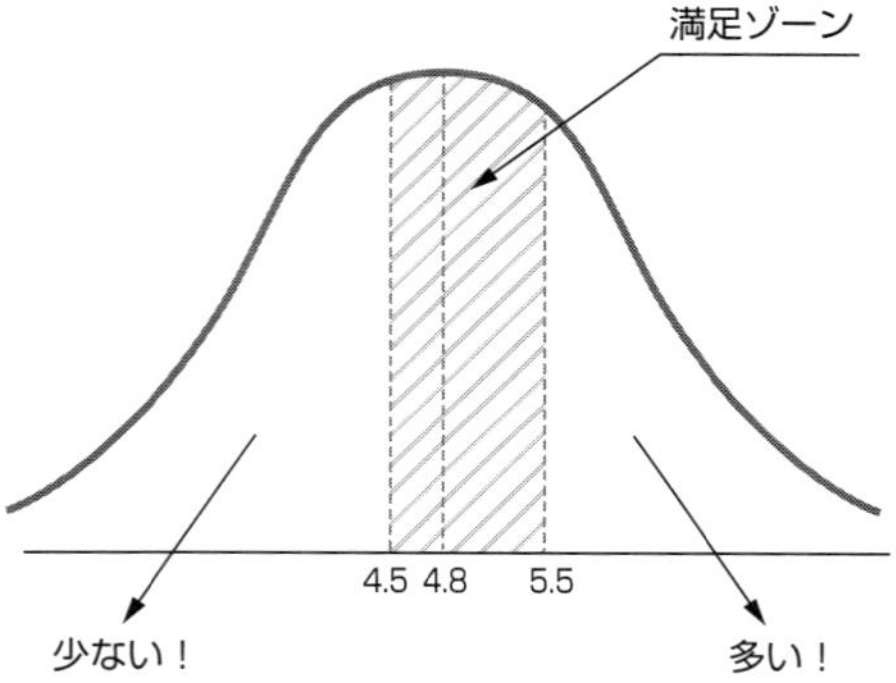

そのうえで、上図のようにこれを、すっきり山形（正規分布）と考えて、ほぼ満足する確率である4.5～5.5に入る確率、つまり面積を積分で計算してみます（もちろん、平均、標準偏差、範囲を入れれば、エクセルなどのコンピュータが計算してくれます）。

結果は29％です。今の試作品の容量で3割くらいの人が満足していることになります。

平均点が4.8なので「少ない」という意見の方がやや多いと考え、容量を1割増やして試作品を作ってみました。そのうえで、もう一度アンケートを取ってみると、結果は次ページ・上図のようになりました。

2回目のアンケートの結果は、平均が5.3で、標準偏差は1.6でした。同様に4.5～5.5の満足ゾー

評価点	人　数
0	0
1	6
2	29
3	85
4	105
5	325
6	224
7	125
8	28
9	32
10	6
合　計	965人

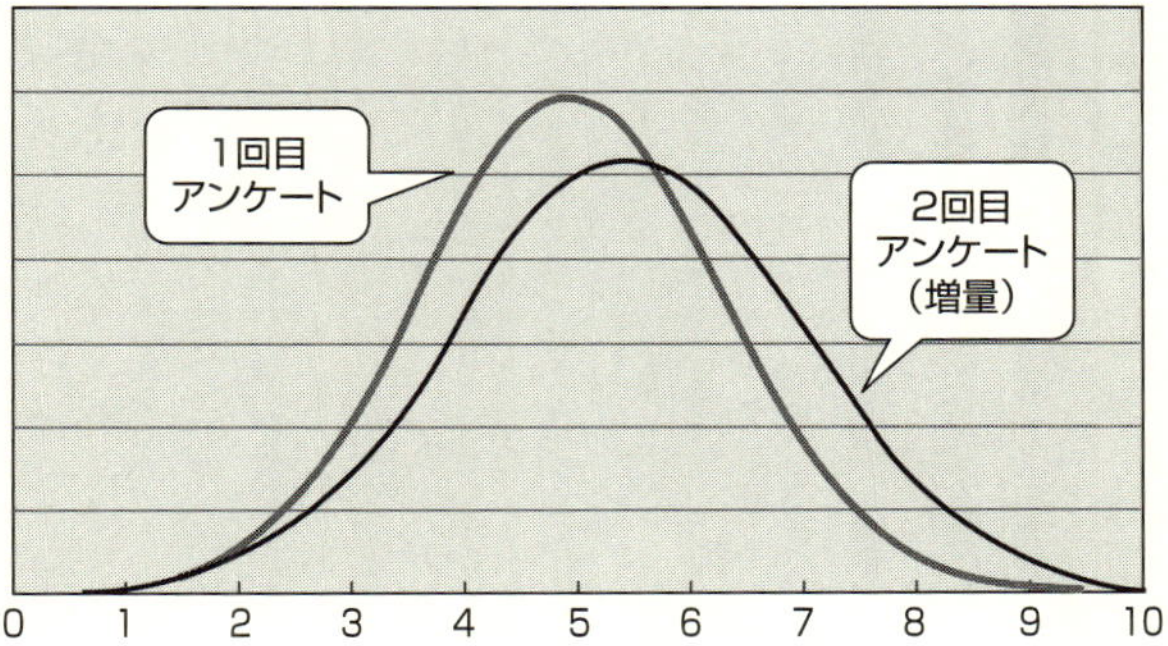

ンに入る人の確率を出してみると25％です。つまり、顧客満足度はやや落ちる結果となったといえます。

　この2つのアンケートデータで、パソコンを使ってグラフを書いてみると上図・下側の図のようになります。

　こうしてみると容量の増加が顧客満足度にどう反応するかを直感的にとらえることができます。顧客満足度を高める努力と、その結果の予測がビセキで、それらしくできることがわかったでしょうか。

コラム⑥ 対数は感覚の数字

2^3（「2の3乗」と読む）は「2を3回かける（2×2×2）」という意味で、答えは8になります。

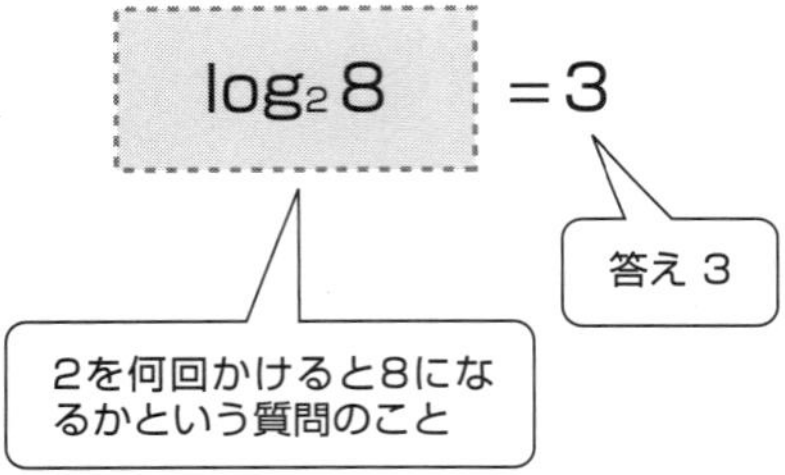
$\log_2 8 = 3$
答え 3
2を何回かけると8になるかという質問のこと

「『2を□回かけると8になる』の□を埋めよ」という問題では、この□に入る数字は3です。そしてこの□を、8の対数といい、上のように表わします。

この時〝2〟を底《てい》（ベースの和訳。ベースの方がわかりやすい）といいます。

つまり、2をベース（底）とした8の対数は3ということです。

では、16の対数（2がベース）は?

そう、4です。8が2倍になると、対数は1増えます。

つまり、2がベースの対数とは「2倍になると1増える数字」です。3がベースの対数なら3倍になると1増える数字です。

人類が最初に使った対数は10がベースだといわれています。この時、10の対数は1、100は2、1000は3……、10倍すると1増えます。

これを使えば〝とてつもなく大きい数〟も小さく表わせます。10億だって対数ではたったの9です。そうです。対数は大きな数を表わすのにすごく便利なものなのです（大数のゴロ合わせかも?）。

対数は人間の感覚にあったものとしても有名です。

人間が外から受ける刺激は対数的だといわれており、マグニチュード（地震）、デシベル（音）などは10をベースとした対数を使っています。

マグニチュードは地震の揺れが「10倍になると1増える」という〝感じ〟です。マグニチュード4と7では1000倍という〝感じ〟です。私も神戸の地震にあいましたが、たしかにそれは感じました。

企業のサイズでも、よく売上10億円以下、100億円以下、1000億円以下、1兆円以下、10兆円以下というランキングにしてあります。売上規模10億円くらいがレベル1なら、100億円では2、1000億円は3、1兆円は4、10兆円は5……というような感じです。たしかに、売上を10億ずつ区切って（100億円、110億円、120億円……）いくより、人間の大小感覚に合っています。

ビジネスの世界では、シャノンという数学者が情報の大きさである情報量を定義する時、これを〝びっくり度〟（それを聞いて〝驚く度合〟。情報量が大きいと「へー」と思う。小さいと「やっぱり」と思う）として、2をベースとした対数を使ったのが有名です。

本文に出てくる顧客満足度なども人間の感情ですので、対数がぴったりかもしれません。ベースが10では強烈すぎるので、満足感が2倍になると1ランク上がるくらいが結構〝いい感じ〟ではないでしょうか。

第6章　微分がわかればコストが下がる

作れば作るほど安くなる

いよいよ最終章です。ここではコストダウンについて考えてみましょう。

まずは、工場における製品の生産量と原価（作るのにかかったコスト）の関係についてです。「作れば作るほどコストが下がっていく」のは直感でわかると思います。よくこれを、習熟といいます。

製品の生産に限らず、人間は仕事をすれば（オペレーションと表現します）、自然と上手になってスピードが上がり、かつミスがなくなり、オペレーションコストは下がっていきます。この習熟が、コストダウンには大きく関係するようです。

工場で、ある製品を作り続けているケースで考えてみましょう。例によって、製品1個あたりの製造原価をたて軸に、それまでに作った製品の総個数（累積生産量）を横軸としてプロットします。それを遠くから見ると、次のような曲線が表われてきます。この曲線を、習熟曲線、学習曲線、経験曲線などといいます。

200個、400個、800個と作っていくうちに、だんだんとコストが下がっていきます。

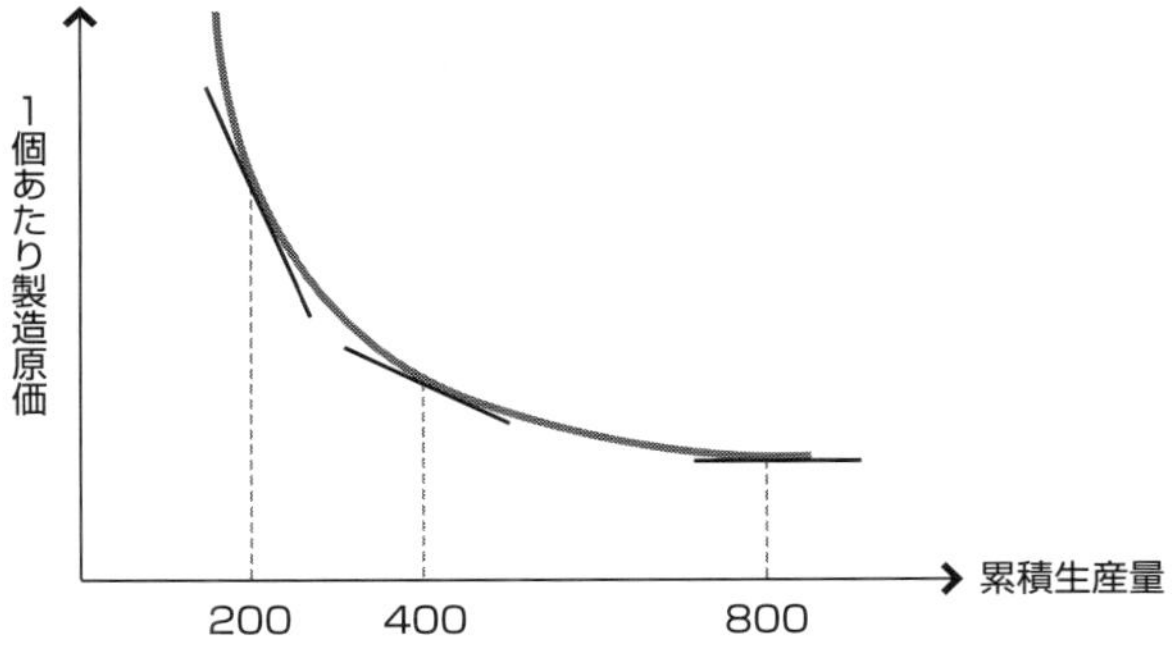

ここで微分係数を見てみましょう。これは各生産時点であと１個（デルタ）作ると、どの位コストが下がるかということを表わしています。したがって微分係数はマイナスです。

このマイナスを取ったものが、コストダウン力のようなものを表わしています。

上図を見ると、２００個の時の方が４００個の時よりコストダウン力は高いといえます。８００個の時を見ると、それ以上生産量を増やしてもあまりコストダウンしないことが見て取れます。

コストダウンは、よく〝ゾウキンを絞る〟ことにたとえられます。２００個の時点では、ぬれゾウキンから水がよく絞れます（コストダウンが進む）が、８００個の時点では、乾いたゾウキンを絞る（あまり水が出ない。がんばっても、もうこれ以上コストダウンが進まない）ようなものだからです。

この習熟によるコストダウンは、ありとあらゆる工場で行われ、次々とゾウキンは絞られていきました。ここで行われたコストダウン活動は、その後ＩＥ（インダストリアル・エンジニアリング：生産の合理化）という形で体系化されました。

さらに、このＩＥを使ってあちらこちらの工場でコストダウンをやっていくうちに、設備のバスタブ曲線のように、習熟曲線の形が同じようなものになることに気づきました。そうなれば製造原価と生産量を式で表わすことができます。式で表わせれば、コンピュータでグラフに書くことができ、ビセキが使えます。

習熟曲線は累積生産量が2倍（先ほどの図でいえば２００個から４００個、４００個から８００個）となるごとに、一定比率のコストダウンがなされるという特徴を持っています。174ページでやった対数のような感じです。

２００個作った時点の原価が１００で、４００個作った時点の原価が80となり、20％のコストダウンになったのなら、８００個の時点では、さらに20％ダウン、つまり64（１００×0.8×0.8）になるということです。

この20％を習熟率といい、工場や製品によってその値は異なります。習熟率が30％なら、２００個時点を１００とすると４００個で70、８００個で49の原価となるということです。

習熟率がわかれば（作ってみれば、あるいは類似製品から考えればわかります）、曲線が書けることになり、コンピュータでビセキが使えます。

このコストダウン現象を習熟効果、経験曲線効果などといいます。そして、これは生産に限らず、さまざまなオペレーション（運ぶ、売る、事務……）にも現れることがわかりました。

習熟効果は学者が新しい定理を発見したのではなく、まさにビセキによって微分係数（コストダウン力）を考えているうちに気づいたものです。

総コストを最小にする

「トレードオフの関係にある２つのコストが同時に発生する」というシーンは、ビジネスではよく見られます。片方のコストを下げようとすると、片方のコストが上がってしまうというものです。こういう時は〝必ず〟ビセキでコストダウンができます。

ある小売店が、毎日コンスタントに売れる商品をメーカーに発注するケースで考えてみましょう。

この小売店には、発注の際に2つのコストが発生します。

1つは発注するためのコストであり、もう1つは商品を在庫するコストです。商品を〝動かすコスト〟(発注コスト)と〝止めておくコスト〟(在庫コスト)といってよいものです。

ここでは例によって正規化(単純化)して、98~99ページで述べた安全在庫は考えず(標準偏差はゼロとする。つまり毎日本当にコンスタントに一定量ずつ売れるものとする)、またリードタイムはゼロ(発注したらすぐ来る)と考えます。この2つを考慮に入れたい人も、まずは正規化で考えてから、その後で第3章の知識を加味していきましょう。

まずは在庫コストの方から考えてみます。発注ロットを20個(20個ずつ発注)としてみます。コンスタントに売れるので、在庫量は商品が入ってくると20個、全部売れるとゼロとなり、平均在庫量は10個です。在庫コストは在庫量に比例(1個あたりの在庫コストが一定。20個では10個の2倍の在庫コスト)すると考えてみます(まあ大体現実に合っていると思います)。

ここで例によって、在庫コストをたて軸、発注ロットを横軸にとってプロットして遠くから見ると、次ページの図のような直線になります(もちろんコンピュータで書けます)。

次は発注コストです。発注コストとしては、さまざまなものが考えられます。しかし近年

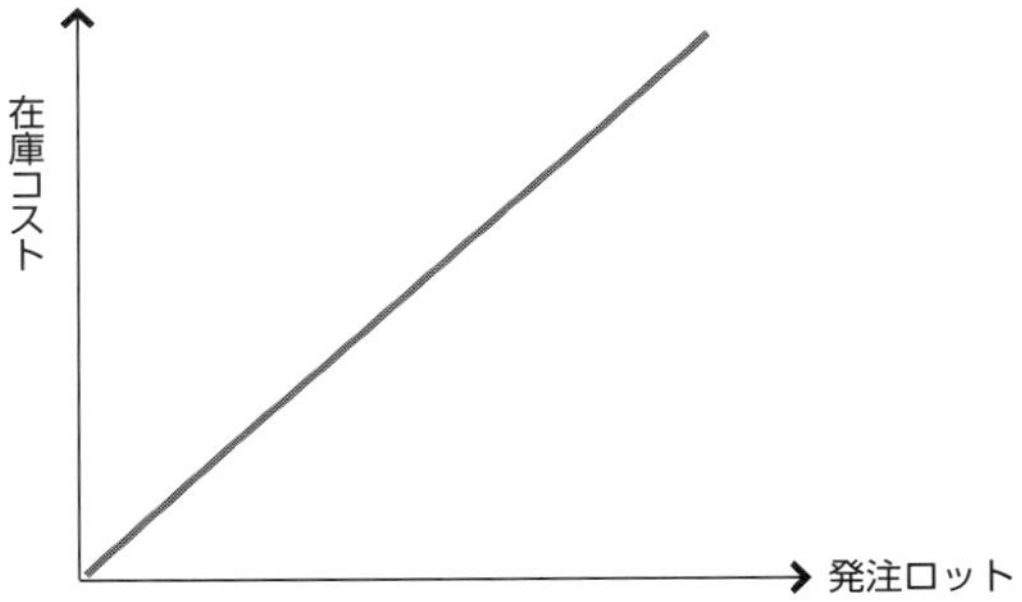

では、コンピュータとネットワークを使って発注していることがほとんどなので、1回の発注にかかる通信費や人の手間はほとんど無視してもよいくらい小さく、ほとんどが物流コスト、すなわち商品をメーカーの倉庫から小売店へ運ぶコストと考えられます。

物流コストは、その配送回数に、大体比例する（正規化です。あとで一般化します）ことは納得できると思います。商品を2回小売店舗へ運べば、1回運ぶ時の2倍のコストがかかります。

毎日10個ずつコンスタントに売れている時、商品を20個ずつ発注すると、メーカーが2日に1回店舗へ来ることになります。これを10個ずつの発注とすると、1日1回配送してもらわな

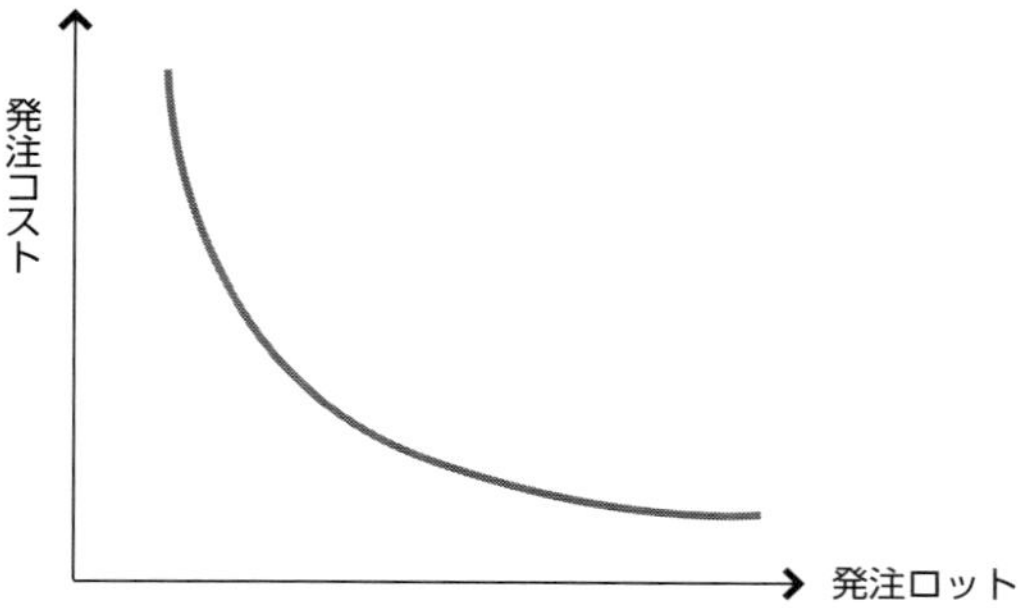

くてはなりません。つまり発注ロットを2分の1（20個⇒10個）にすると、発注コスト（≒物流コスト）は2倍となります。そうです。比例の反対、つまり反比例です。

例によって、在庫コスト同様に発注コストをたて軸、発注ロットを横軸としてプロットし、これを遠くから見ると、今度は上図のような曲線になります（これもコンピュータで書けます）。

この在庫と発注、2つのコストの和が総コストです。2つの和なので、これもコンピュータで書けます。総コストの微分係数を考えてみましょう。

これらを重ねてグラフにすると、次ページの図のようになるはずです。発注ロットが小さい時（総コスト曲線の左側）、少しだけ（デルタ）発

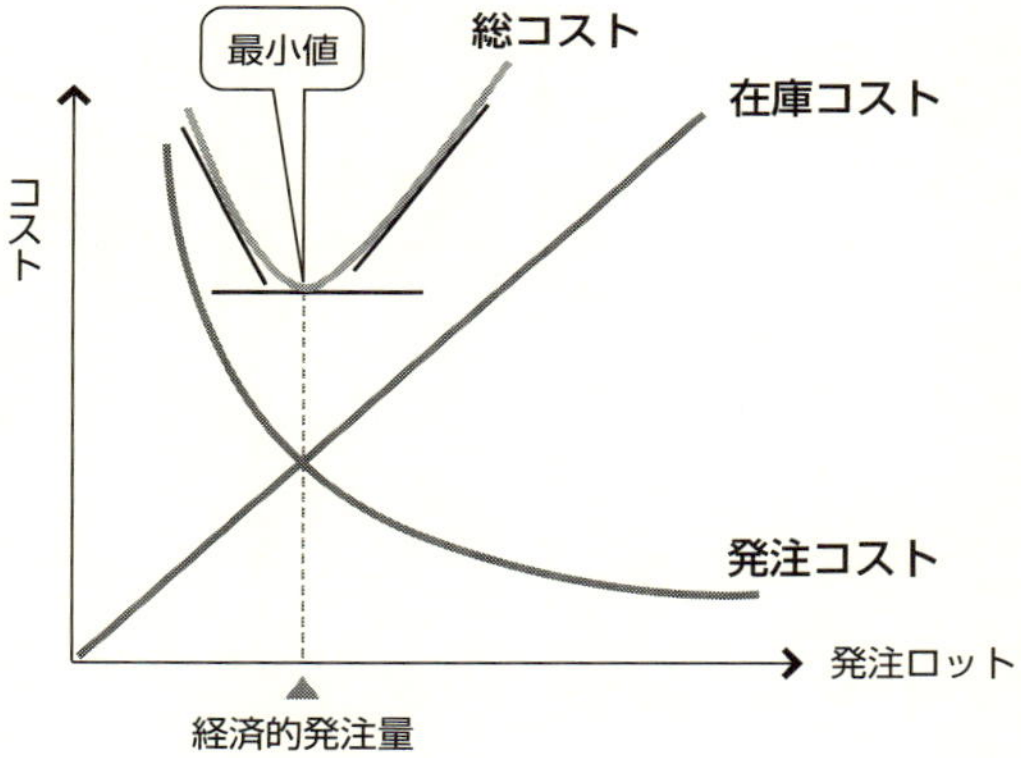

注ロットを大きくするとどうなるでしょう。

発注ロットを1個ずつにすると毎日10個売れるので1日10回小売店舗に行くことになり、いくら何でも回数が多すぎて、いかにもコスト高です。これを2個にすると5回になり、総コストが下がるのはわかると思います。つまり発注ロットを少し大きくするとコストは下がり、微分係数はマイナスとなります。

一方、発注ロットが大きい時（総コスト曲線の右側）は、微分係数がプラス、つまり発注ロットを少し大きくすると総コストは上がり、コストアップとなります。

微分係数は発注ロットが小さいうちはマイナス、そして発注ロットが大きくなるにつれマイナスの幅が小さくなり、今度は小さなプラスからだんだん大きなプラスになっていきます。

したがって微分係数は、どこかでゼロとなっているはずです。この微分係数ゼロの点が、「総コスト最小の点」です。発注ロットを少し小さくしても少し大きくしても、総コストが上がってしまう所です。

この発注ロットの大きさを経済的発注量（もっともコストの小さい発注ロットサイズ：エコノミー・オーダー・クオンティティ、略してＥＯＱ）といいます。もちろん、コンピュータが微分して、ＥＯＱを計算してくれます。

小売店は発注ロットを小さくしたい

しかしコンビニを中心として、小売業では多頻度少量発注がそのトレンドです。つまり、少しずつ発注し、納入業者には何度も来てもらうというものです。これを先ほどいったネットワークによる発注が後押ししています。

なぜコンビニは発注量を小さくしたいのでしょうか？　発注ロットを小さくしていくと、配送回数が増えて発注コスト（物流コスト）が上がり、総コストは大きくなってしまうはずです。

その理由は2つあります。1つは品揃えです。発注ロットを小さくすると、在庫が減って在庫コストが下がるだけでなく、店の在庫スペースが小さくてすみます。毎日10個売れているものを、2日に1回発注すれば最大20個の在庫量となり、店には20個分のスペースが必要です。毎日の発注にすれば10個分のスペースでよくなり、その空いたスペースに別の商品を置くことができ、品揃え（品種）が2倍となります。

さらに弁当などを1日3回とすれば、品揃えはさらに増えていきます。こうしてコンビニは、従来300～400種類しか商品を置けなかった100㎡ほどの店舗に3000種類もの商品を並べて、売上を急拡大させました。

もう1つの理由は日本の商慣習です。一般に、物流コストは売る方（この場合メーカー）が負担していて、買う方（この場合小売業）から見ると商品を何個ずつ買おうと、商品の購入単価が変わりません。メーカーは、発注ロットが変わって配送回数が変わっても、商品の販売価格を変えないということです。

例えば、1個100円と決めたら、10個ずつ注文しようと、20個ずつ注文しようと、1個100円ということです。つまり小売業から見ると物流コストの負担はゼロと考えられます。また、小売業側の発注コストはどうでしょうか。コンビニは、もちろんネットワークに

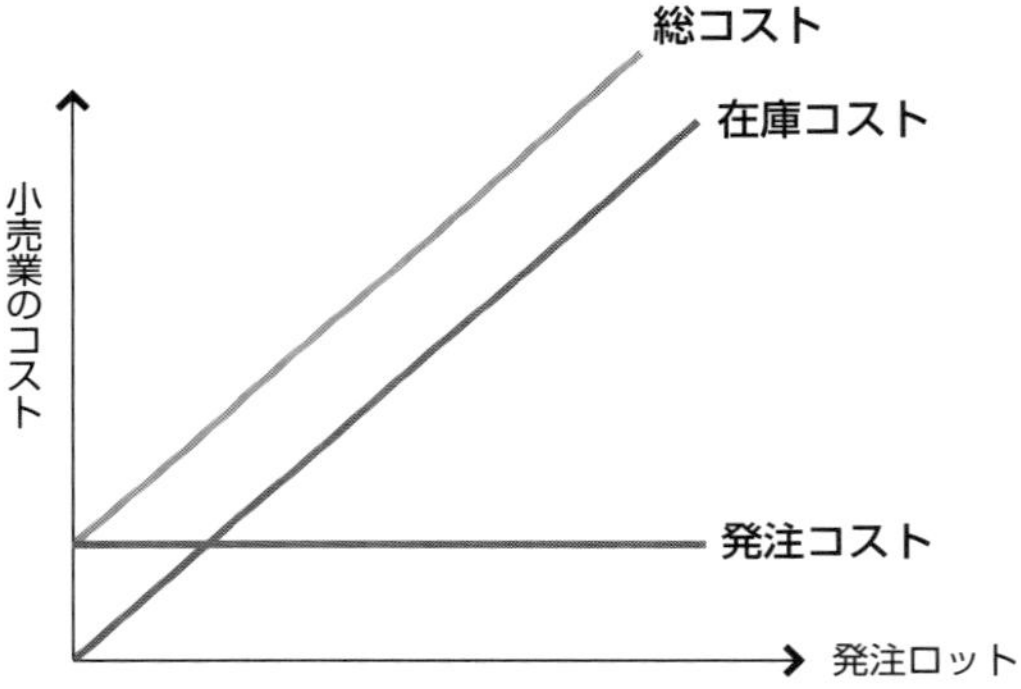

よる発注であり、アルバイトの店員などが手の空いている時にやっていますので、ほぼ一定のコストです。

そうなると、総コストは上図のようになります。つまり、発注ロットが小さければ小さいほど総コストは小さくなり、経済的発注量はゼロとなってしまいます。

実は、これが自動車などの組立メーカーが部品の発注、在庫について考えた〝カンバン〟というもので、日本が生んだ在庫の必殺技です。「必要なものを、必要な時に、必要な量だけ買って、在庫を限りなくゼロにしていく」というものです。

コンビニなどの小売店では、在庫なしというわけにもいきませんので、在庫は〝なるべく小さくする〟ことを目指します。そして100ページで述べたように、コンスタントに売れる（標準偏差が小さい＝安全在庫が小さい）商品だけを置くようにすれば、在庫は限りなく小さくなります。これでコンビニというビジネスモデルが完成します。

コンビニはコンスタントに売れる商品（これがコンビニでいう売れ筋）を中心に品揃えをし、状況に応じてタイムリーに発注して、在庫を落として品揃えを増やすという〝お店〟です。

売る方はロットを大きくしたい

今のシーンを売る方（メーカー）から見てみましょう。メーカーにも、同じように在庫コストと発注コスト（メーカーから見れば注文を受けるので受注コストの方が正確ですが、比較するためこのまま使います）があります。

小売業との取引条件である発注ロットを大きくしていくと、メーカーの在庫はどんどん減っていき、在庫コストはどんどん下がっていきます。相手がまとめ買いしてくれれば、在庫は減ります。

発注コストも、「物流コストをメーカーが負担する」と考えると、発注ロットが大きくなるとまとめて大量に運ぶことになり、どんどん下がっていきます。こうなると、総コストのグ

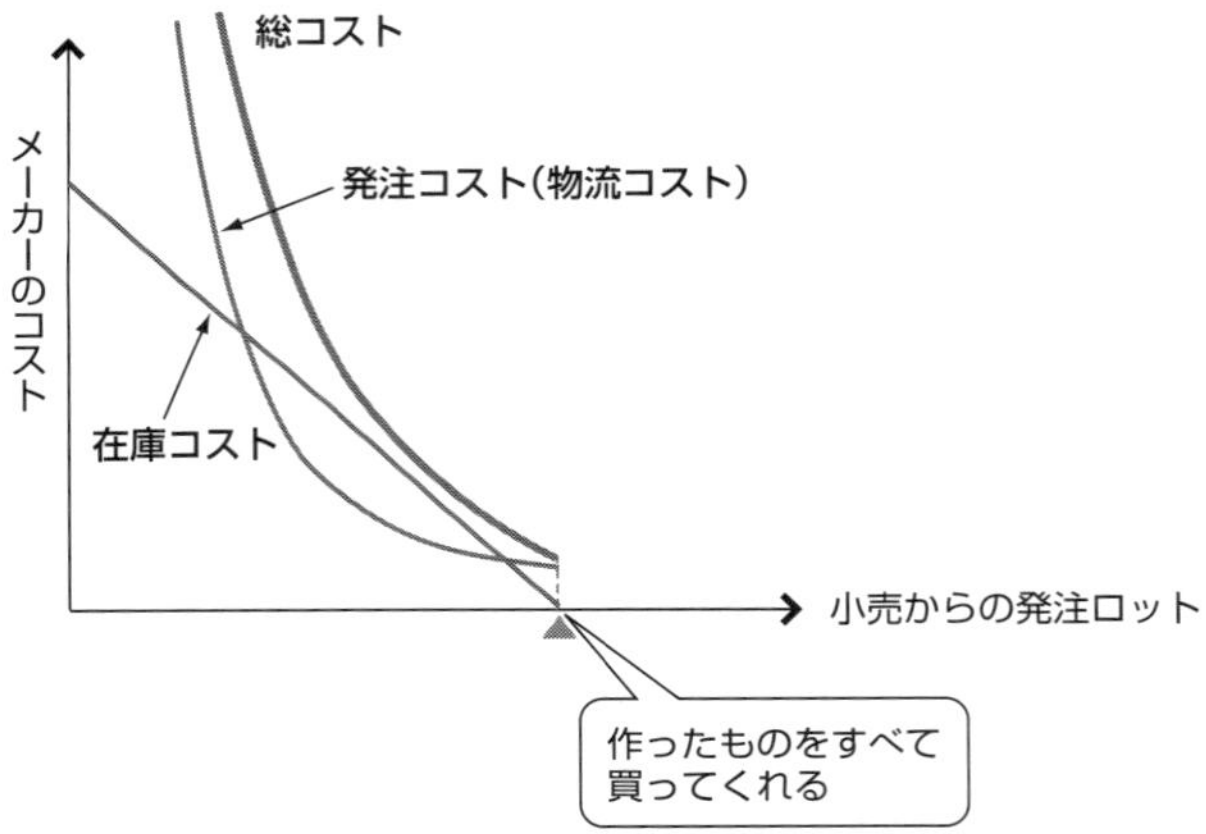

ラフは上の図のようになります。

小売業（買う方）とは逆に、メーカー（売る方）は発注ロットが大きくなればなるほど、総コストは小さくなります。総コストが最小の点は「メーカーが作り終わったものを、その時点ですべて買い取ってくれる」点です。

SCMを組むには、きちんとした計算が必要

これではメーカーと小売業はゲームの理論でいうゼロサムゲーム（77ページ参照）です。だから声の大きい方の意見が通って、自分が有利なように発注ロットを大きくしたり、小さくしたりしてしまいます。

しかし、社会全体として見ると、これは幸せな状態ではありません。そのため、次第に流通

在庫（108ページで述べた流通全体としての在庫）が注目されるようになり、当然の成り行きとして小売業とメーカー・卸売業などの納入業者が手を握り、流通全体としてのコストを下げようとする動きが生まれてきました。これがSCMです。77ページで述べた協力ゲームへの移行です。

先ほどのメーカーと小売業を1つの企業（SCM）として見て、両社トータルの利益を考えれば、その経済的発注量は決まるはずです。そのためには、各企業で発生するコスト（在庫コストと発注コスト）をきちんと計算し、かつそれを互いに納得しなくてはなりません。

きちんと計算するといえば、ビセキです。コンピュータでやれば、やり方がはっきりします。コストという結果でなく、やり方に合意すればOKです。しかし、ビセキをコンピュータでやるには、すべてのコストを式で表わさなくてはなりません。

在庫コストの式は比較的簡単ですが、問題は発注コスト、中でも物流コストです。「現実の世界の物流コスト」（互いに合意できるコスト）は、先ほど正規化したように、発注ロット（発注回数）に依存した配送コストだけではありません。さまざまなコストが各企業で発生します。

しかし、その複雑な物流コストをがんばって式で表わさなくてはビセキは使えません。これに適用されるのが、活動基準原価計算、ABC（アクティビティ・ベースド・コスティング）です。だからよくSCMとABCはセットで議論されます。

ABCとは、作業別（物流なら「商品をピッキングする」「荷造りする」「配送する」「検品する」……といった細分化された仕事のこと）のコストを測って、作業条件の変更（配送回数が増える、ピッキングのやり方が変わる……）によってコストがどのように変化していくのかを見て、これを式に表わしていくものです。

ここで、ざっとその考え方を理解しておきましょう。

ABCは各作業ごとに「コストドライバー」というそのコストにもっとも影響を与える要因を決めます。先ほどの在庫コストなら在庫量がコストドライバーになりますし、ピッキング作業（運ぶ商品を棚から取り出す）ならピッキング回数、自動車運転作業であれば運転時間……といったものでしょう。そのうえで、コストをたて軸、コストドライバーを横軸にプロットして、グラフに表わします。

次ページの図で示したのはピッキングコストの例ですが、ここでは多くの場合曲線となります。しかし曲線では式がややこしく、逆に互いの合意が難しそうです。そこで大体想定されるピッキング回数あたりでは直線と考え、その直線の〝伸び〟（ピッキング回数を1回増やす

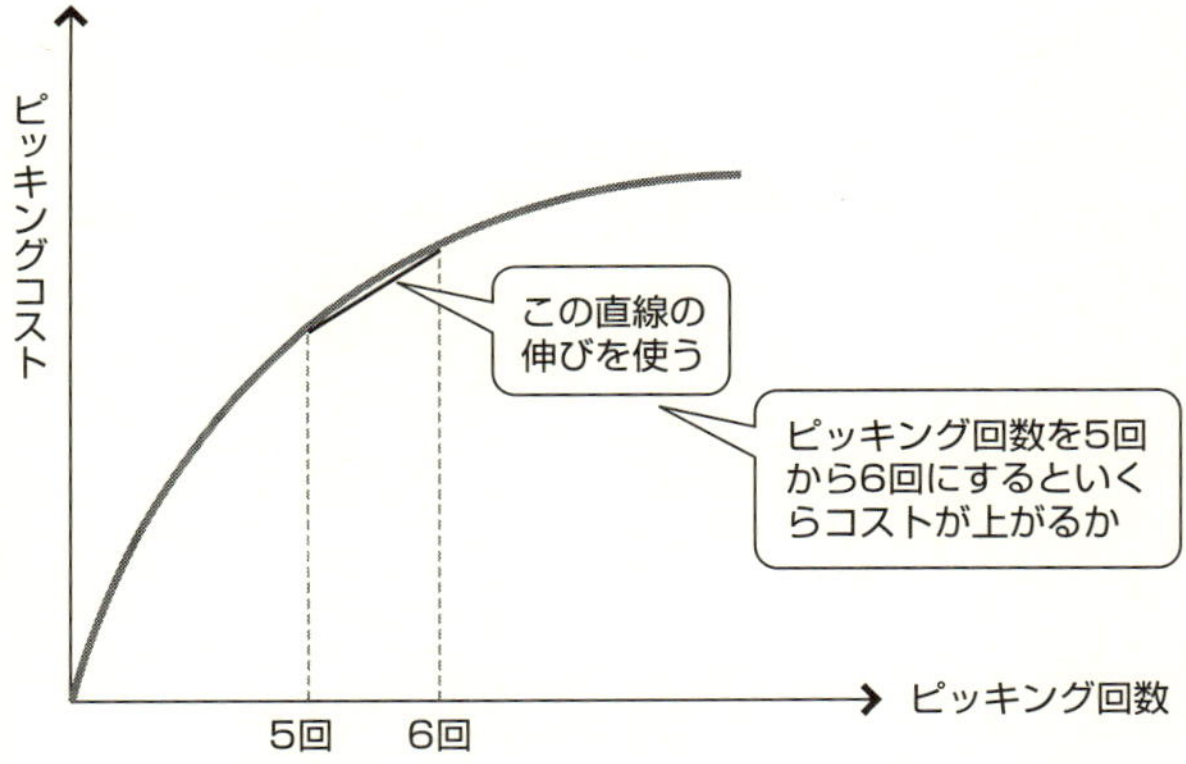

といくらコストが上がるか）を計算して、これを使います。

この伸びをコストドライバーレートといいます。これでピッキングコストとピッキング回数の関係が式で表わせます。他の作業についても同様のことをやれば、総物流コストの式が求められます。

こうすればＳＣＭが組めることになります。さらにＳＣＭ全体の流通総コストを最小にする（これが互いに合意できる点）発注ロット、ピッキング回数……などをビセキを使って割り出し、共同体（ＳＣＭ）としての仕事を、最高の状態でやっていくことができます。

故障のコストを最小に

トレードオフのコストはビジネスのありとあらゆるシーンで見られます。もう1つ典型的な例をやっておきましょう。164ページで述べた機械などの設備についてです。これを管理していくことを設備保全といいます。

設備の故障の対応には、次の2つが考えられます。1つは設備が故障したら修理するというもので、事後保全といいます。もう1つは設備が故障する前に、何とか故障しないようにするもので予防保全といいます。

当初、設備保全の世界では事後保全よりも予防保全の方が、低コストでかつ高信頼性（信頼性とは故障しない度合いのこと）が得られると考えられていました。そのために、設備の状態を監視して故障の兆候を発見するように努め、定期的な清掃・注油・調整・部品の定期交換といったことがなされていました。

しかし、定期予防保全をどんどん厳しくやっていくと（1週間に1回だったものを毎日、半日ごと、1時間おき……）、当然のことですが保全コストが増大していきます。そして「やってもやってもきりがない」ことに気づきます。

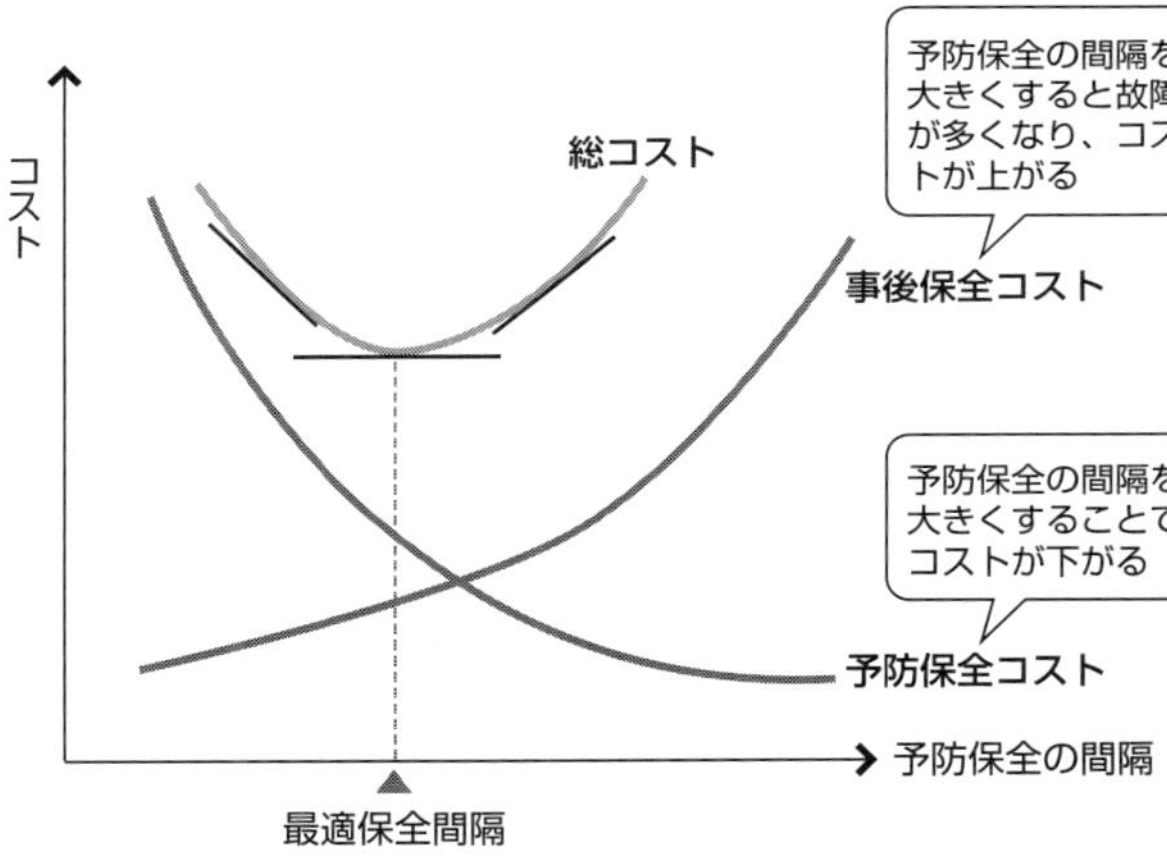

そこで保全のバランスを取って、最小コストで保全を実施することを考えるようになりました。例えば、先ほどの発注の時と同様に、保全の総コストを予防保全コストと事後保全コストに分け、これをたて軸にとります。そして横軸に予防保全の間隔（予防保全の仕事をどれくらいの間隔でやるか）をとって、プロットしていくものです。

事後保全コストは、この間隔が長くなれば（1日1回の点検を1週間に1回にすれば）、故障しやすくなるので上がります。一方、予防保全コストは間隔を長くすれば下がります。

そうなると、総コストは上図のような曲線となります。この曲線では保全間隔が短いと（グラフの左側）微分係数はマイナス、長いと（グラフの右側）微分係数はプラスとなって、微分係数がゼロになる最小値があることがわかります。つまり、事後保全コストおよび、予防保全コストと、予防保全の間隔を式で表わすことができれば、最小コストになる保全間隔が求められます。

このようにしてコストを考えれば、予防保全の間隔だけでなく、設備保全のやり方を変えると事後保全コスト、予防保全コストがどのように動くかがわかり、総コストのグラフがどうなるか、そしてその時の最小コストも求められます。先ほどのＡＢＣの要領です。

コストダウンの作業を地道に続けていく中で生まれたのが、次のような現代の設備保全のキーワードです。「保全ミックス」（各設備ごとに予防保全と事後保全をうまく組み合わせ、工場全体のコストを最小にする）、「自主保全」（保全のプロではなく、設備のオペレーター自身が保全をするとコストが下がる）、「５Ｓ」（整理、整頓、清掃、清潔、しつけという5Sが保全コストをダウンさせる。しかし〝しつけ〟とはすごい）。

設備を持っている会社に勤めている人なら、聞いたことはあると思います。このようなビセキ的思考は、工場だけでなく、物流センター、店舗、オフィス（パソコンという設備くらいはあると思います）など、さまざまな仕事場で適用されており、大きなコストダウンを生んでいます。

コラム⑦

戦略ベクトルを考える

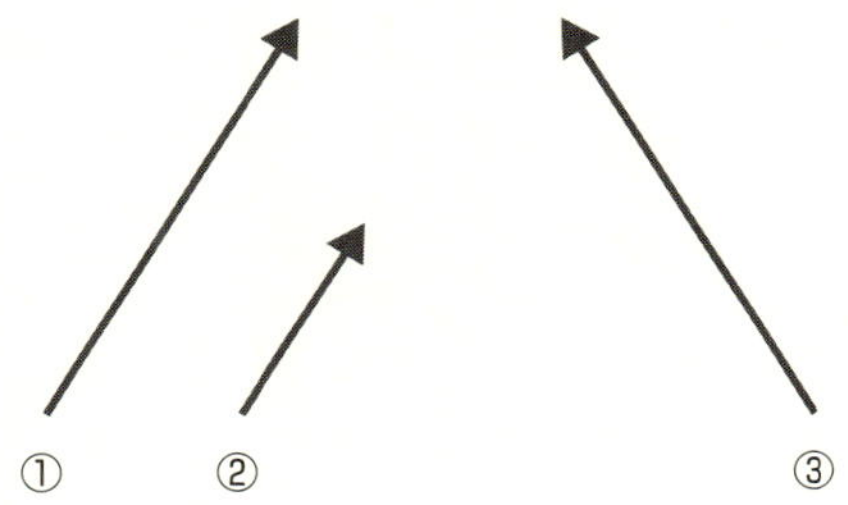

ベクトルとは、146ページで述べた次元（方向）を、より数学的に（数字として）表わしたものです。

ベクトルというのはなかなか使い勝手のよい単語で、よく耳にします。ベクトルをインターネットのブログでキーワード検索すると、なかなか理知的な（理屈っぽい）文章がでてきます。

ベクトルとは方向と大きさの両方を持っている〝モノ〟をいいます。

①と②は方向が同じで大きさが違い、①と③は大きさが同じで方向が違います。

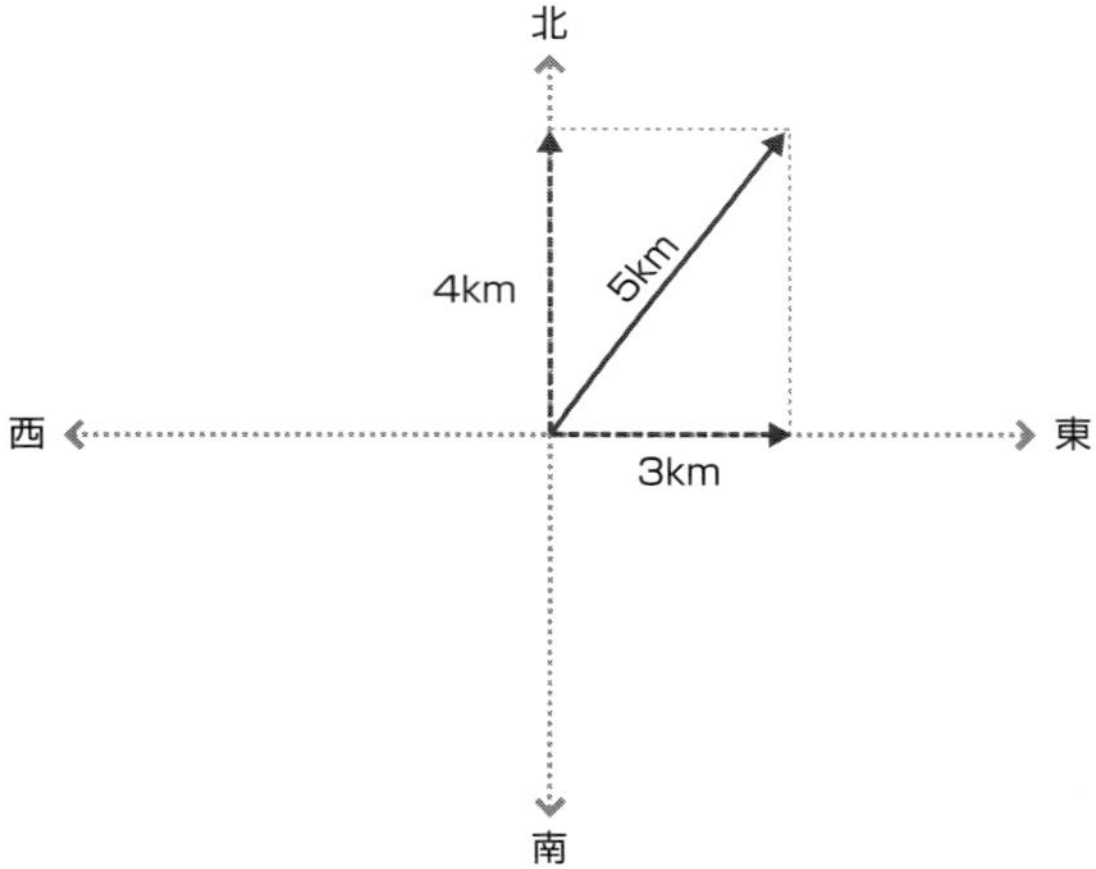

ベクトルは、よく2つの方向に分解されます。この方向を〝ベクトル軸〟などといいます。

ベクトル軸は146ページで述べた次元を意味するものです。

普通はこのベクトルを平面でイメージしているので左右、上下などの2次元（2つのベクトル軸）で考えます。空間で考えるなら3次元、つまり、3つのベクトル軸に分解できます。

東西南北（東西&南北で2次元）の例で考えてみましょう。北東（少し北より）に5㎞進んだとします。よく調べてみると北方向に4㎞、東方向に3㎞進んでいました。

この「北東（方向）５㎞（大きさ）」という〝ベクトル〟は、東西と南北という２つのベクトル軸を使うと〝真北４㎞〟というベクトルと、〝真東３㎞〟というベクトルに分解されます。

こんなことを応用して、「今年の社長が作った中計（中期経営計画）って、現場志向と人材育成志向という２つのベクトル軸を持っているよね。戦略的には現場志向のベクトルがやや強い感じだよね」なんて言ってみましょう。「やるな」という感じがします。

ところで、商品ライフサイクルをベースにしたＰＰＭ（プロダクト・ポートフォーリオ・マネジメント）という言葉を聞いたことはありますか。

これは自社の商品を市場成長率と自社シェアによって４つのタイプに分けるというものです。

最近では、パソコンを使って次ページのようなグラフで表現します。

このグラフは、ポジショニンググラフとよばれています。つまり、商品の位置（ポジション）を表わしているもので、商品Ａは花形商品というポジションにあるということです。先ほどの東西南北の出発地点です。この地点から、どちらにベクトルが向かうか

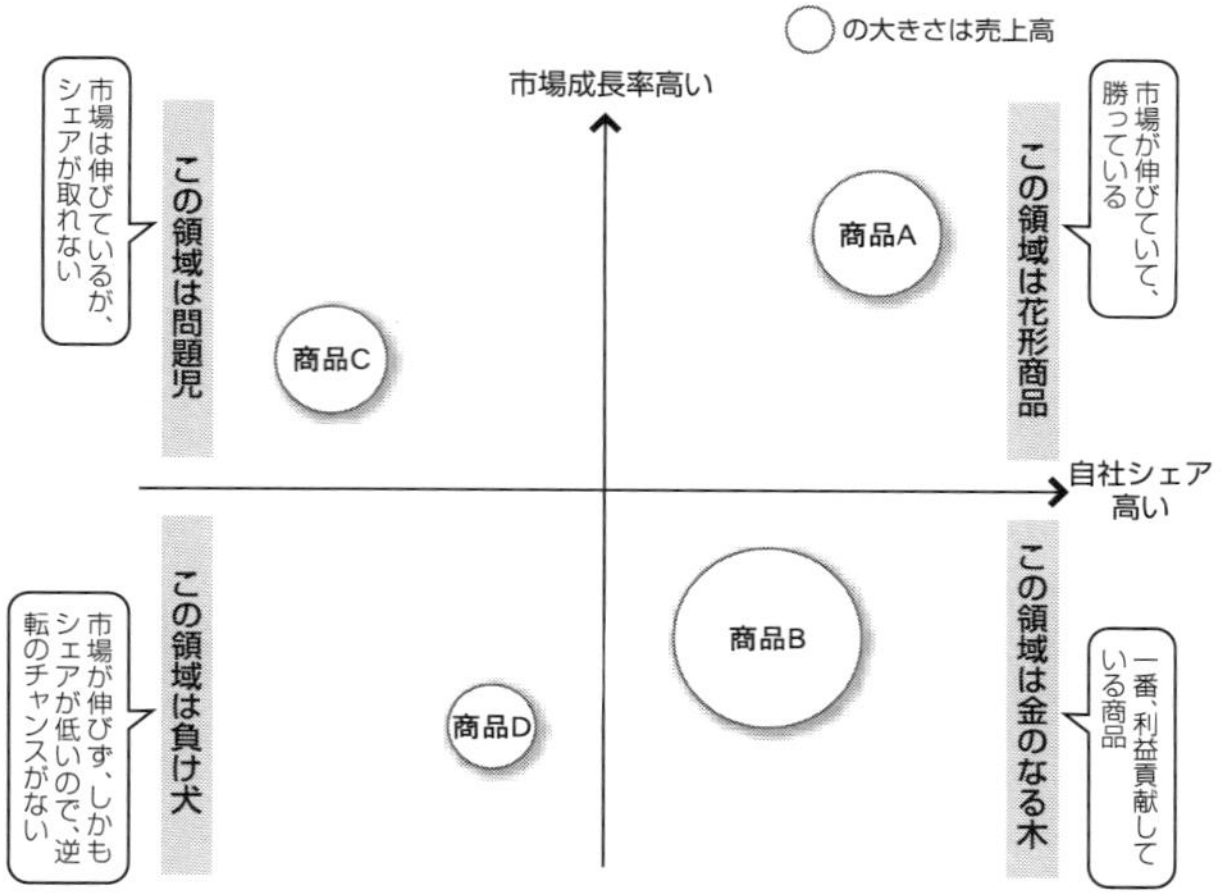
○の大きさは売上高
市場成長率高い
自社シェア高い
この領域は花形商品
市場が伸びていて、勝っている
この領域は問題児
市場は伸びているが、シェアが取れない
この領域は金のなる木
一番、利益貢献している商品
この領域は負け犬
市場が伸びず、しかもシェアが低いので、逆転のチャンスがない
商品A
商品B
商品C
商品D

です。

ベクトル軸は2つあります。たて軸と横軸、つまり市場成長率と自社シェアです。

時の経過とともに自然に起こる動き（自然ベクトル、重力ベクトルなどという）があります。

市場成長率（市場の伸び。市場の大きさの微分係数）は119ページのグラフからわかるように、時の経過とともにプラスからゼロ、マイナスへと〝下がっていきます〟。つまり、ベクトルは下向きです。

自社シェアは〝今が大きい〟ほど強い力を持っているので、自然とシェア

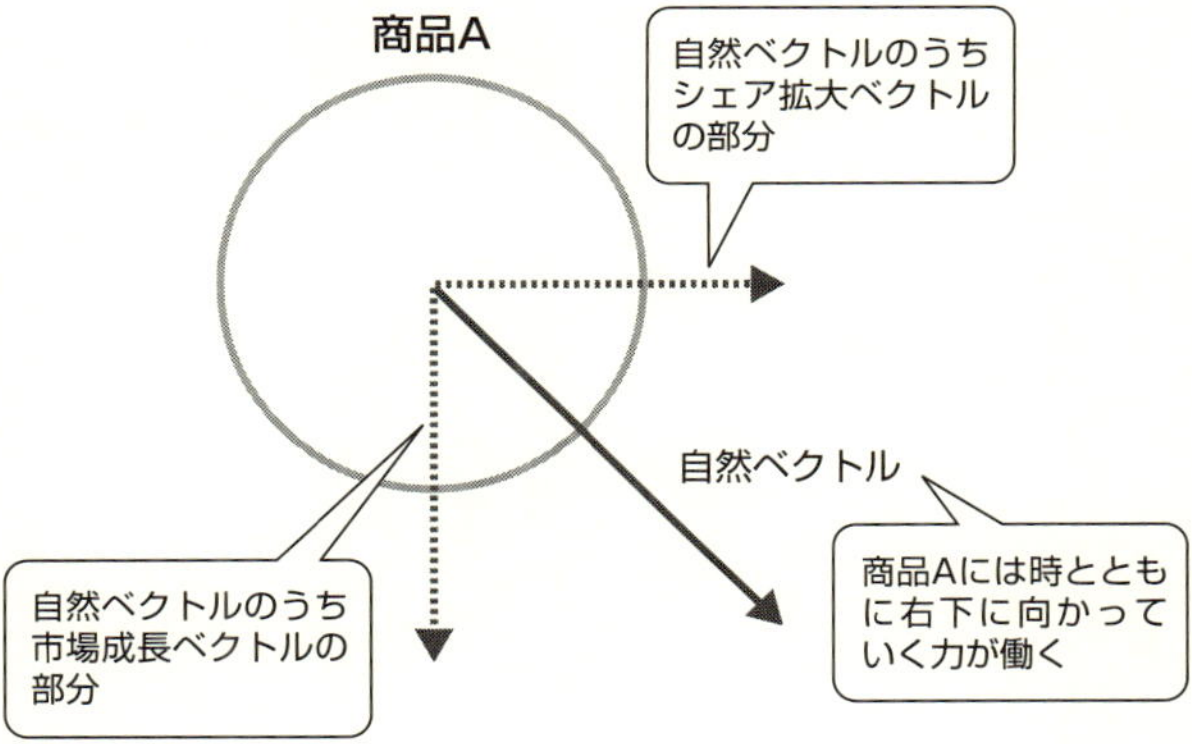

を伸ばすことができます。

つまり、シェアの自然ベクトルはグラフの右側（花形商品、金のなる木）では右向き、左側（問題児、負け犬）では左向きです。

したがって、グラフ中の商品Ａ（花形商品）には、上の図のような自然ベクトルが働きます。

見方を変えると、２つの点線のベクトルが重なって、右下向きの実線のベクトルを生んでいます。

これをベクトルの合成（分解の反対語）といいます。

さらにここに、その企業の戦略ベクトル（この商品をどちらに動かしたい

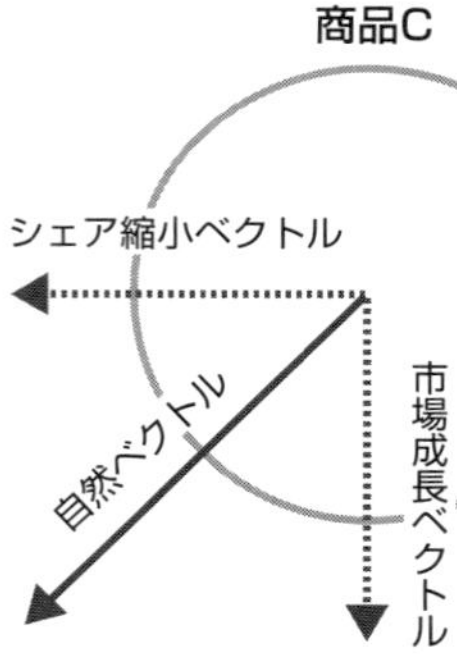

か）が重なります。ベクトルは引っぱり合うと殺し合ってしまいます。

したがって、商品Aのシェア拡大と市場飽和（商品が行き渡り、成長が止まる）という自然ベクトルの方向に、戦略ベクトル（プロモーションを拡大など）を働かせれば相乗効果（シナジー。足し算でなくかけ算になるという意味）を生みます。

「スピードを上げて一気に売りまくる」というものです。

一方、商品Cはシェア拡大ベクトルはマイナス、すなわちシェア縮小ですので、これをプラス（右方向）にしようとしても苦しいところです。

そして時とともに市場の成長は止まりますので、早期撤退もやむなしということになります。

これが世にいう〝選択と集中のベクトル〟です。

エピローグとして――ここまでたどり着いたあなたへ

微分・積分を通して、数学のおもしろさ、鋭さ、そしてビジネスにどれくらい使われているか、または使えるかを感じとっていただけたでしょうか。

著者の私としては、精一杯わかりやすく書いたつもりです。あなたも、仮に本書の内容のすべてがわからなかったとしても、大体わかったつもりになってほしいのです。

私はビジネスにおける数学の適用（プロフェッショナルな数字の使い方）は、この「つもり」が大切だと思います。多少誤解があっても、わかったつもりになれば、逃げないで数学に正面からぶつかったことになります。だから本書を読み終えたあなたは、もう「数学に強い」、というよりも「数学を恐れない」ビジネスマンになったことは事実でしょう。

あなたは数学の中でもその頂点といえる微分・積分を身につけたのです。だから数字の変化を敏感に、デルタにキャッチ（微分）し、その変化をつなげて、大局的に明日を読める（積分）と胸を張ってもよいと思います。

読んだ明日の数字が当たっているか、当たっていないかなんて大した話ではありません。読もうという気持ちがあり、読み方を知っていることが、あなたの強みです。

あなたがその強みを生かして明日を読めば、あなたの仕事に対する考え方や、そのやり方はきっと大きく変わると思います。そしてそれは、あなたのまわりの人にも自然と伝わって、その結果、あなたの会社も大きく変わっていくと思います。

あなたに、そしてあなたが勤めている会社に、本書のビセキ的思考が幸せをもたらすことが私の願いです。

最後に……。

本書の企画段階からいろいろなアドバイスを頂いたPHP研究所林知輝氏、西村健氏、PHPエディターズ・グループの田谷裕章氏に、この場を借りて深く感謝の意を表わしたいと思います。

2009年2月吉日

内山　力

PHP新書

PHP INTERFACE
http://www.php.co.jp/

内山　力［うちやま・つとむ］

1955年東京都生まれ。東京工業大学理学部情報科学科にてトポロジー（位相数学）専攻。同校を卒業後、日本ビジネスコンサルタントへ入社。その後退職してビジネスコンサルタントとして独立。㈱ＭＣシステム研究所代表取締役、産業能率大学大学院ＭＢＡコース非常勤講師、中小企業診断士。
著書は『ビジュアル　マネジャーが知っておきたい経営の常識』『ビジュアル　ＩＴ活用の基本』（以上、日本経済新聞出版社）、『誰でもできる！　マーケティングリサーチ』『「人事マネジメント」の基本』（以上、ＰＨＰ研究所）、『「あなたの会社選び」をコンサルティングします』（産業能率大学出版部）、『計数分析のセオリー』『コンサルタント論』（以上、同友館）など多数。

微分・積分を知らずに経営を語るな

（PHP新書587）

二〇〇九年　三 月三十日　第一版第一刷
二〇一〇年　六 月 十 日　第一版第六刷

著者――内山　力
発行者――安藤　卓
発行所――株式会社ＰＨＰ研究所
東京本部――〒102-8331　千代田区一番町21
新書出版部 ☎03-3239-6298（編集）
普及一部 ☎03-3239-6233（販売）
京都本部――〒601-8411　京都市南区西九条北ノ内町11
制作協力 組版――株式会社ＰＨＰエディターズ・グループ
装幀者――芦澤泰偉＋児崎雅淑
印刷所 製本所――図書印刷株式会社

ISBN978-4-569-70433-3

ＰＨＰ新書刊行にあたって

「繁栄を通じて平和と幸福を」(PEACE and HAPPINESS through PROSPERITY)の願いのもと、ＰＨＰ研究所が創設されて今年で五十周年を迎えます。その歩みは、日本人が先の戦争を乗り越え、並々ならぬ努力を続けて、今日の繁栄を築き上げてきた軌跡に重なります。

しかし、平和で豊かな生活を手にした現在、多くの日本人は、自分が何のために生きているのか、どのように生きていきたいのかを、見失いつつあるように思われます。そして、その間にも、日本国内や世界のみならず地球規模での大きな変化が日々生起し、解決すべき問題となって私たちのもとに押し寄せてきます。

このような時代に人生の確かな価値を見出し、生きる喜びに満ちあふれた社会を実現するために、いま何が求められているのでしょうか。それは、先達が培ってきた知恵を紡ぎ直すこと、その上で自分たち一人一人がおかれた現実と進むべき未来について丹念に考えていくこと以外にはありません。

その営みは、単なる知識に終わらない深い思索へ、そしてよく生きるための哲学への旅でもあります。弊所が創設五十周年を迎えましたのを機に、ＰＨＰ新書を創刊し、この新たな旅を読者と共に歩んでいきたいと思っています。多くの読者の共感と支援を心よりお願いいたします。

一九九六年十月

ＰＨＰ研究所